前 言

　　1921年，一艘红船在浙江南湖扬帆起航，它刺破苍茫大雾，穿越百年孤独，创造世界奇迹。这艘红船的故事，是中国历史上最壮丽的史诗，也是最好的中国故事。"红船精神"是中华民族从站起来、富起来到强起来的力量之源。"红色根脉"在浙江，这是光荣，也是责任。守好"红色根脉"，是对历史最好的纪念、对当下最好的把握、对未来最好的作答。为此，浙江教育报刊总社联合浙江摄影出版社，面向全省中小学生开展了以电影《红船》领衔的红色影片的观影征文活动，现选出优秀文章100篇结集出版。

　　今年是习近平总书记提出"红船精神"20周年。电影《红船》以"红船精神"为纲，以毛泽东为代表的百年前的"80后""90后"们的思想觉醒为主线，通过全新的影像风格和镜头语言，艺术化地展现中国共产党成立的历史过程。两个"一百年"彼此呼应，体现出震撼人心的中国力量。教育部办公厅和中共中央宣传部办公厅先后两次向全国中小学生推荐电影《红船》，该片在第四届全国中小学生电影周上获评"中小学生喜欢的电影"，是新时代的建党大片和广大青少年党史学习教育的生动影像。

光影映初心，激越少年志。浙江孩子在文章中紧紧围绕"红船精神"和"浙江精神"，抒写红色经典感悟，传承红色基因力量：有的百年抒怀，重温光辉岁月，激励青春理想；有的着眼当下，书写时代华章，感受中国力量；有的憧憬未来，展望共同富裕，砥砺初心使命；有的讲述浙江的首创故事、奋斗故事和奉献故事……

红船徐徐而行，少年踏浪而进。100个孩子的观影故事，呈现出新时代少年中国的正气、志气和豪气，这是中华民族不断的根、不灭的魂。南湖碧波，激荡着理想的起点，时代的星星之火已经准备燎原。历史伟业在红色基因代代相传和发扬光大中不断铸就，我们感受到一种觉醒的力量正在拥抱中华民族的伟大复兴。

郑　重

2025 年 5 月

目录 CONTENTS

中学组

小 / 学 / 组

精神恒久远，一帆永流传

——观《红船》有感

海盐县向阳小学教育集团海沙校区　周从容

船的诞生是为了航行，运动是它的本性，这就注定它会演绎出许多与人的故事。中国有漫长的海岸线、发达的河湖水系，自古以来便与"船"有着千丝万缕的联系。看完电影《红船》，我激动不已。纵观历史，我不禁出了神，耳边似乎飘过关于"船"的喃喃细语，眼前浮现出船上的一幕幕动人景象……

"船"说：穿越历史尘埃

立于那层叠的山冈，见一叶小舟乘风破浪，从日边驶来，划过历史长河。后羿射日，愚公移山，述说着古代劳动人民的不屈和坚强。

渐渐地，它变成了一艘大船，庞大坚固。航海家郑和七下西洋，犁波耕澜，餐风饮浪，造访30多个国家和地区，扩大了海外贸易，在世界航海史上翻开了崭新一页；抗倭名将戚继光在福建、浙江一带打造战船，剿灭倭寇，将那些不自量力的犯我中华者赶出去，守卫了海防安宁；民族英雄郑成功凭借强大的船队、精湛的航海技术、卓越的海战才能打败了荷兰殖民者，收复了台湾。

水花一波接一波翻卷，航船一艘接一艘起锚，在跌宕的水面上高歌猛进，穿越历史尘埃，书写一个接一个中国"船"说。

"船"奇：创造伟大成就

当我为这些古代伟人的智慧、勇气感到骄傲时，历史进入了清朝末年。甲午海战中，邓世昌在"致远"舰遭受重创、弹药将尽时，下令开足马力，与日舰同归于尽，却在行驶途中爆炸沉没，舰上官兵壮烈殉国。

这艘英烈之船，凝聚的是大炮轰击不垮、海水冲刷不走的爱国情、壮国志、民族魂，国虽弱，气节犹在。"野径云俱黑，江船火独明。"在那风雨飘摇、战乱四起的年代，总会涌现出敢于舍生取义的仁人志士共赴国难。他们就是茫茫黑夜中亮起的渔火，光虽微弱，却是用生命点燃，让人即使身陷黑暗也不至于绝望，仍能心向光明，朝着灯火前进。

以邓世昌为代表的中华儿女为了民族大船不沉，奋不顾身，死而后已。20世纪初，为探索救国救民道路，一群有志青年迎着海风远渡重洋，与马克思主义不期而遇。1921年，在嘉兴南湖的一艘游船上，伟大的中国共产党诞生了！从此，"红船"便成了中国共产党的象征。多少次惊涛骇浪，多少处暗礁险滩，水手们在起伏的水面上搏击风浪，随时准备为理想与信仰而献身。

"大舸中流下，青山两岸移。"看今朝，凛冬已过，星河长明，大船载着我们的强国梦，驶向更广阔、更深邃的海洋。"神舟"飞天，"蛟龙"入海，"祝融"探火，"嫦娥"奔月，"羲和"逐日，"北斗"组网……我们的征途是星辰大海，我们凭借脚踏实地的干劲和敢闯敢试的拼劲，创造了举世瞩目的奇迹，让中华民族这艘巍巍巨轮行稳致远。

"船"承：赓续红色基因

"潮平两岸阔，风正一帆悬。"我们的未来，自有千帆竞渡，百舸争流。当目光穿越历史的峰峦，我看见范仲淹"先天下之忧而忧"的担当，令人敬重；我看见鲁迅"我以我血荐轩辕"的担当，以生命为利刃的勇气；我看见"为有牺牲多壮志，敢教日月换新天"，这是毛泽东的豪言壮语，勾勒出担当的雄浑力量。因为担当，他们在茫茫黑暗中点燃星火，为我们打拼出一片碧海蓝天。

如今，轮到我们掌舵了，我们要时刻准备着，接过先辈的火炬，赓续红色基因，传承精神圣火，无惧海浪的拍打、风雪的考验，争做新时代弄潮儿，助力"巨轮"破浪前行。

　　每一艘"船"都有不同的故事，然而每个故事都有相同的精神内核，那就是不忘初心、砥砺前行，过去、现在、将来皆是如此。新时代，中华民族伟大复兴的巨轮一往无前，但行进的航道上绝不会一帆风顺，每一个华夏儿女都有责任背起肩上的纤绳，用自己的智慧和勇气，书写属于自己的青春"船"卷。

（指导教师：顾燕）

专家点评

　　文章主题鲜明，构思巧妙，语言生动。该文由观看《红船》说起，将"红船"这个具象的事物放到中华民族生生不息、发展进步的历史长河中，抽象为广泛意义、文化意义上的"船"，分穿越历史尘埃的"船"说、创造伟大成就的"船"奇、赓续红色基因的"船"承三个层面，试着向读者阐述"红船"意味着什么、扎根于什么、引领着什么等问题。作为小学生，能有如此认识，实属难得。（高长武）

致"您"的一封信

——观《红船》有感

海宁市王国维小学教育集团文苑小学　黄莉莎

敬爱的您：

　　您好！

　　"您"是百年征程，波澜壮阔；"您"是百年初心，历久弥坚。"您"承载着百年前我们中国的希望，承载着我们的精神。

　　"您"讲述了第一批中国共产党人求索中国向何处去的故事，准确演绎、全方位呈现中国共产党诞生的过程与历史必然性。其中有很多感人肺腑的画面。那一幕场景发生在1919年下半年，毛泽东组织发动"驱张运动"，带领群众奔赴北京总统府请愿，却遭到了殴打驱逐。看着一个个百姓被打，我心里止不住地痛：他们明明什么都没有做错，只是想驱赶军阀张敬尧，过上安稳日子，为什么政府不帮他们，还直接动用武力？难道政府不知道张敬尧的那些恶行吗？不，不是，只是百姓对政府来说微不足道，没有人会在意他们的感受，百姓不值得政府跟张敬尧撕破脸！但黑暗中总会有那么一束光，照进人们的心中，为大家驱散阴霾。毛泽东等人就是那一束束光，他们没有放弃，而是想尽办法要让百姓过上好日子。

"赤潮澎湃，晓霞飞动，惊醒了，五千余年的沉梦。"中国共产党就是在这个时候诞生的，它给灾难深重的中国人民带来了光明和希望。它像光芒万丈的灯塔，照亮了中国革命的航道；它顺应了历史的要求，为中国开辟了一条前所未有的道路。当年我们国家确实很弱，但我们拥有一群有志青年！尽管没有先例，但他们勇往直前，无所畏惧。这是一种开天辟地、敢为人先的首创精神，一种坚定理想、百折不挠的奋斗精神，一种立党为公、忠诚为民的奉献精神。这就是"您"的精神！

沐浴在党的阳光下，我唱着《中国少年先锋队队歌》，在新时代健康成长；我读过《金色的鱼钩》，敬佩红军战士舍己为人的崇高精神；我读过《七律·长征》，体会到那种一往无前的坚定不移；我看过《我和我的祖国》，赞叹新中国成立70年来祖国面貌的日新月异……今天，当我沉浸在《红船》中的一幕幕时，我才更深刻地领会了习爷爷在南湖畔讲述的"您"的精神。

身为小学生，我们就应该好好学习，汲取更多的知识，将来报效祖国。"宝剑锋从磨砺出，梅花香自苦寒来。"经历无数磨难后，才会取得成功。一学期已经结束，新学期马上来临。新的起点，新的目标，我要更加奋发努力，而"您"的精神会一直激励我、引领着我前行。

　　光阴似箭，从当年的腥风血雨到现在的雨过天晴，中间的苦难又有谁知呢？时光悠悠，岁月匆匆，愿"您"的精神历久弥新！

　　此致
敬礼！

一名奋发向上的学生

2024年2月16日

（指导教师：沈汪刚）

专家点评

　　面对波澜壮阔的建党伟业，小学生往往难以透彻理解和准确把握，而黄莉莎同学的《致"您"的一封信》却是一篇视角与笔法奇妙的佳作。首先是以写信的方式，将南湖红船及中国共产党的历史作为倾诉的对象，感情真挚地直抒胸臆，诉说自己的无限崇敬之情，结合自己的成长经历，表达"强国有我"的坚强决心。其次，她详细叙述了建党前毛泽东组织发动"驱张运动"的悲壮过程，并加入自己的分析评论，显然这一幕情景令其难以忘怀。由此文可见，在少年儿童心中，中国共产党为人民谋幸福不再只是一个概念，而是一群志存高远的奋斗者前赴后继的鲜活形象，并且激励一代代后人继往开来。（孙云晓）

红船"红"

——观《红船》有感

海宁市行知小学　冷雅筠

看完电影《红船》后，我疑惑地问老师："红船是什么？"

老师说："红船是南湖上一条小小的船。"

"为什么叫它红船？"我继续追问。

老师摸着我的头，笑道："这艘船和别的船不一样，有着重要的意义。它是中国革命的精神之源，也是中国共产党一路走来的精神之源，是开天辟地、敢为人先的首创精神。"

老师说了这长长的一段话，我似懂非懂，于是开始查找资料，想去探寻红船的奥秘。

可喜的是，回家我跟爸爸说起这件事，爸爸马上答应周末带我去南湖，去看看红船，我高兴得一蹦三尺高。

终于来到南湖，这里风景如画，散发着江南水乡的韵味。讲解员告诉我们，1921年，在这艘小船上，伟大的中国共产党诞生了。与此同时，一个精神的火种也被悄悄点燃。这个被称作"红船精神"的火种越燃越旺，照亮了人们前行的方向，激励着一代代人的斗志。听着红船的故事，我忽然明白了老师那句"红船是中国革命的精神之源"的含义，我想起了《红岩》中的江姐，也想起了无数像江姐一样抛头颅、洒热血的革命志士。为了革命的胜利，为了新世界的到来，他们坚贞不屈、无所畏惧。方志敏、杨靖宇、刘胡兰……他们为革命而死，虽死犹生，他们失去了宝贵的生命，却留下了伟大的精神，他们开天辟地、敢为人先！

我回想起暑假中的所见所闻：我站在三峡大坝上，听爷爷奶奶讲老家人移民的故事；我坐着火车疾驰在青藏铁路上，窗外景色壮丽；我看到老家一排排整齐的新房，想为我们的祖国点个赞。是啊，在革命先辈的引领下，一代代中国人从来没有停止前进的脚步，他们在每个时代承担起建设祖国的责任，他们都是中国的脊梁。

我们踏着红色的故事而来，我们在红色的故事中感悟时代精神，我们将在时代精神中续写民族希望。我们光芒四射，我们朝气蓬勃，我们意气风发，我们是未来国家建设的生力军，也是传承"红船精神"的主力军。

碧波荡漾的南湖，熠熠生辉的红船，此时，我不禁感叹：一条红船，诞生了一个伟大的党；一种精神，激发着我们不断向前。红船"红"，"红船精神"代代传。

（指导教师：朱玲霞）

专家点评

　　由设问揭开全局，这种写作手法是可取的，人物间的问答也显得可亲。文章的后半部分，应该更紧密地围绕"船"来写，可加以现场描画，可加以背景叙述，这样才有利于跟文章前面提出的设问扣得更紧。（黄亚洲）

我骄傲，我是见证历史的红船
——观《红船》有感

嘉善县实验小学南校区　周星妤

　　我，是嘉兴南湖上的一艘画舫。"伟大的中国共产党，今天，诞生了！"纵使我在荡漾的水波中沉睡了百年，这铿锵有力的话语仍然盘桓在我心灵的最深处，我无法忘记人们在我这里宣布中国共产党成立时的满心激荡！从那一刻起，中国共产党这颗新星从世界的东方冉冉升起，开始了她开天辟地的伟大事业。

我痛心，那难以忘怀的历史

　　我醒着，充满不安地醒着。我忧心于这个国家的前途未卜，它是否仍旧会沉睡，会腐朽？我明白中华民族的复兴之路充满艰辛和曲折。

　　犹记得，1931年，日本侵略军在东北制造了震惊中外的九一八事变，点燃了长达14年的侵华战火，无数同胞沦为亡国奴，中华民族陷入了巨大的痛苦和深重的灾难。卢沟桥事变、淞沪会战、南京大屠杀……老百姓生活在水深火热之中。

犹记得，在前行的道路上，革命先驱为共产主义事业抛头颅、洒热血。巾帼英雄赵一曼舍子从戎，被捕后坚贞不屈，英勇赴死。刘胡兰视死如归，在敌人的铡刀前振臂高呼："怕死不当共产党！"上甘岭战役中，黄继光挺身而出，用自己的胸膛死死堵住了敌人正在喷射火舌的枪眼，壮烈捐躯。

我在等，等一个天亮，等中国这头东方雄狮醒来。

我骄傲，这欣欣向荣的当下

中国共产党百年华诞的钟声敲响，庆典在欢呼中开始，我看到了欢庆的人群，他们挥舞着手中的党旗，为党送上最真切的生日祝福。我的胸中也不禁热血沸腾。

今天，鲜艳的国旗飘扬在天安门前，飘扬在嘉兴南湖，飘扬在校园的上空，这是无数革命先辈用鲜血染红的啊。中华民族经历了重重磨难，但我们没有放弃，我们一直在努力前行。

仰望长空，星光依旧闪烁。看，国庆70周年阅兵式上，军人昂首挺胸，中国制造的坦克、装甲车一辆接着一辆驶过，飞机以精湛的技术在空中画出各种图案……我骄傲！

此刻，我们在灿烂星光下倾听时代的钟声，我们在碧绿的南湖水上聆听红船的故事，我们在21世纪续写这个伟大民族的传奇……"红船精神"已穿越百年，其力量是无穷无尽的，始终鼓励着中华民族自立自强，百折不挠！

历史不能忘，吾辈当自强。我很骄傲：我本是南湖上一艘普通的画舫，因有幸见证这一切，而成为非凡的"红船"。

党啊，若有来生，我仍旧是你坚强后盾！

党啊，若有来生，我继续为你乘风破浪！

（指导教师：赵唯一）

专家点评

这篇文章以嘉兴南湖的红船为第一人称视角，回顾了中国共产党从诞生到发展的百年历程。文章通过红船的"回忆"，展现了中国共产党成立初期的艰辛、抗日战争时期的英勇斗争以及新中国成立后的繁荣景象，表达了对党的热爱之情。文章情感真挚，通过红船的见证，将历史事件和人物故事串联起来，使读者能够感受到中国共产党百年历程的波澜壮阔。同时，文章也表达了对未来的期许和信心，激励人们继续发扬"红船精神"，为实现中华民族伟大复兴而努力奋斗。小作者在叙述历史事件时，可以更加注重细节描写，使故事更加生动和感人。此外，也可以适当加入一些个人感悟和思考，使主题更加深刻。（陈宁一）

一船红中国，吾辈当自强

——观《红船》有感

海盐县天宁小学　李小兮

"自信人生二百年，会当水击三千里。百年之后，我还想看看世界，看看中国。"

观看完电影《红船》，我的心久久不能平静：原本只是历史书上的一段段文字，现在却成了脑海中一张张生动的面孔，一个个伟大人物在我的心中筑起丰碑，屹立不倒。红船，不再只是嘉兴南湖上那一艘普通的画舫，而是中国共产党诞生的基石，它红得那么热烈，那么激奋人心……

追昔——我读懂了"红船精神"

在这艘红船上，中国共产党成立了。一群有斗志、有热血、有方向、有思想的青年在一起碰撞出智慧的火花，建立了属于工农大众自己的政党！

当毛泽东同志领导学生开展反帝爱国运动受阻时，当身边的"驱张团"成员陆续离开时，当他的导师杨昌济去世时，他感觉很失落，找不到正确的方向。直到他拿到《共产党宣言》，他读得热血沸腾，读得激情澎湃，而当一位工友说出"天快亮了"这几个字时，他找到了新的方向和希望：建立共产党领导下的新中国！

影片中给我留下深刻印象的除了毛泽东，还有李达夫妇。李达思路清晰，果敢、睿智，面对敌人的搜查，他一次次化险为夷。他的妻子王会悟则积极配合他的工作，做好接应，在李公馆突遭搜查后，她建议转移到她的家乡嘉兴南湖去开会，并负责在船头望风。这对夫妻对中国共产党的成立贡献很大。

看完影片，我读懂了"红船精神"，红船承载的是一种为梦想而奋斗的精神，因为有了梦想，在遇到艰难挫折时，就有力量继续前行。南湖红船扬帆起航，已经驶过百年艰辛而光荣的历程，一路的拼搏与奋进，告诉我们不忘初心，方得始终。

抚今——"红船精神"教我做追梦人

为了更加深刻地领悟"红船精神"，妈妈带我去了南湖革命纪念馆参观，并进一步了解中共"一大"召开的整个过程。当时，中共"一大"先在上海秘密举行，商量成立中国共产党的事情，会议开到一半，突然闯进一个法租界的特务，于是代表们迅速撤离会场，乘坐火车来到嘉兴南湖，在南湖的一艘游船上继续进行议题讨论，最后，"一大"顺利闭幕。

　　了解了红船的历史之后，我深深感受到我们现在的幸福生活来之不易。而这幸福都是英雄先烈创造的，正是有了他们的前仆后继、矢志不渝，才有了我们现在的美好家园。

　　作为新时代的少年，我们已经远离了民族生死存亡的危难时刻，但我们身上同样有时代赋予的责任。我们是民族振兴的中坚力量，我们应该继承并发扬"红船精神"。让我们坚持最初的坚持，肯定最初的肯定，让"红船精神"指引我们为了梦想而艰苦奋斗。

　　影片最后，镜头切换，画面呈现的是今日的中国，一派欣欣向荣。站在百年后的今天，我们何其幸运。我们知道：身处红船之畔，吾辈更应自强！

（指导教师：陈锦娟）

专家点评

　　小作者抚今追昔，通过细致的观影，在读懂"建党"这个最伟大的中国故事的基础上，深刻理解"红船精神"的内涵，穿越百年，汲取新时代少年中国的志气与豪情，与一百年前毛泽东"自信人生二百年，会当水击三千里"的诗情首尾呼应，呈现磅礴之力。（郑重）

"红船精神"永不朽

——观《红船》有感

慈溪市城区中心小学西部校区　孙翊丁

一

蓝天，白云，红墙，绿水……

我站在体育馆大桥上，想着《红船》，望着桥下流淌不止的新城河水，思绪跟随着波动的水流，飘向百年前那个载入史册的盛夏。

那一天，天空灰蒙蒙的，一群年轻人朝着南湖边走来。他们步履矫健，行色匆匆。因为突发情况，他们从上海来到浙江嘉兴。

湖边静静地停着一艘红色的画舫，等待着这些肩负历史使命、改变国家命运的年轻人。毛泽东、董必武、陈潭秋等陆续登船，画舫轻轻地离开岸边，缓缓地朝着湖中心驶去。

红船外烟波浩渺，红船内激扬文字，代表们正严肃而紧张地开着中国共产党第一次全国代表大会。会议从中午一直持续到傍晚，通过了中国共产党的第一个纲领、第一个决议，选举产生了党的中央领导机构。会议闭幕时，代表们怀着激动的心情，整齐地轻呼出时代的最强音："马克思主义万岁！共产国际万岁！共产党万岁！中国共产党万岁！中国万岁！"

伟大的中国共产党诞生了，中国革命的面貌就此焕然一新，中华民族开启了一个前所未有的崭新时代！

红船，见证了这开天辟地的大事件。这一大事件，如星星之火，终成燎原之势，党带领着灾难深重的中国人民，打跑了侵略者，赶走了反动派，建立了新中国，过上了当家做主的幸福生活。

二

蓝天，白云，红墙，绿水……

我站在体育馆大桥上，想着《红船》，桥下是清波荡漾的新城河，桥上是川流不息的北二环，远处一幢幢高楼拔地而起，近处绿树掩映、鸟语花香。

可在十年前，新城河还是一条弯弯曲曲的村中小河，北二环更是一条戛然而止的断头路。河边分布着几个自然村，村子里，村民的自建房杂乱无章，村中道路更是窄得可怜，两辆摩托车迎面相遇，要互相礼让才能通过。遇到下雨天，尤其是南方特有的黄梅雨季，屋外泥泞坑洼、污水横流，屋内潮湿不堪，蛇虫鼠蚁都来凑热闹，能生生把人憋坏。

明亮、干爽的房屋，宽阔、整洁的道路，优美、怡人的环境，谁不想要呢?

白纸画美景，平地起新城。新时代，新征程，开启了新城河区块改造的新篇章。"三年初现魅力新城河，十年铸就城市新核心。"一座座吊塔耸立，一架架起重机巨臂高擎，一辆辆工程车穿梭来往，旧房拆迁了，道路贯通了，河道拓宽了，高楼建成了。我们搬进了梦寐以求的新居所，打开窗户，映入眼帘的就是那蓝天、白云、红墙、绿水……

三

一声声婉转的鸟鸣，将我的思绪唤回。百年之后的今天，南湖上的那一艘红船，承载的不仅仅是中国共产党人最初的梦想，更有了新的内涵：开天辟地、敢为人先的首创精神，坚定理想、百折不挠的奋斗精神，立党为公、忠诚为民的奉献精神。在这"红船精神"的引领下，新时代的共产党人"敢教日月换新天"。

秀水泱泱，红船依旧;时代变迁，精神永恒!

（指导教师：王亚君）

专家点评

　　虽然是小学生的作品，孙翊丁同学的奇特构思与诗情画意却格外令人信服。他站在家乡的体育馆大桥上，想着《红船》，望着桥下流淌不止的新城河水，思绪跟随着摇曳波动的水流，飘向百年前那个载入史册的盛夏。这个画面出现过两次，一次是回顾中国共产党浴血奋斗、建立新中国，另一次是党为人民谋幸福，改革开放让家乡旧貌换新颜。以这样的笔法叙述历史巨变，自然真切，可谓"一艘红船开天地，百年伟业入画来"。（孙云晓）

红与黑
——观《红船》有感

海宁市王国维小学教育集团文苑小学　俞轶涵

南湖之畔，泱泱秀水，一艘红船悄然起航，刺破苍茫大雾，拨开重重险阻，带领暮霭沉沉的中国走入全新的时代。

一百多年前，一批思想进步的仁人志士秘密筹建中国共产党。李大钊与陈独秀互为知己，在建党的道路上互相勉励，是彼此在黑暗中的一束光，也终为黑夜中的中国带来了曙光；年轻的毛泽东意气风发，心系天下苍生，也曾迷茫彷徨，而最终坚定地站在了马克思主义的旗帜下。在那个洋人横行霸道、军阀草菅人命的时代，有一群人将自己的青春乃至生命献给了共同的梦想，换来的是百年后的山河无恙、国泰民安。

刺破黑暗

一艘小小的红船，慢慢驶过了死气沉沉的黑。军阀混战，不平等条约接连签订，百姓生活水深火热，游行的学生被打，领袖陈独秀先生被迫害入狱……那是一段风雨如晦的日子，旧中国如雨中的浮萍，不知前路。每当影片中出现灰色的画面时，我的心里就有一种乌云压顶的窒息感，心头紧缩，十分难受。然而，一艘小小的红船迎风起航，慢慢驶来，正刺破这笼罩着整个国家的黑。

迎来红光

一艘小小的红船，慢慢驶向了热烈激昂的红。那一抹红，是中国共产党的主色调。火红火红的辣子，是李大钊带给"驱张运动"中举步维艰的毛泽东的乡味，更是一剂强心针。南湖碧波的红船上，热血澎湃的青年们擎起真理的火炬，点燃希望的火种。看，东方破晓，红光乍现，旧中国的天就要亮了。

历史的车轮滚滚向前，那一艘小小的红船承载着一代人的信仰和梦想。途中经历的苦难在他们眼中不算什么，因为他们知道，拯救一个国家是艰难的。希望这艘小小的红船以及伟大的"红船精神"能够驶进每一个人的心中。作为新时代的少年，我们要肩负起历史赋予的重任，让"红船精神"成为人生道路上的一盏明灯。

请记住战火纷飞中的壮烈场景，请记住泛黄书信上的肺腑誓言，请记住百年来波澜壮阔的革命岁月。岁月峥嵘，初心不改，历史沧桑，精神永恒。

（指导教师：沈汪刚）

专家点评

　　作为主旋律电影的观后感，最重要的是领悟其中的爱国主义情怀，不难看出作者对党的历史学习理解得比较深刻。以红与黑作对比，让人对文章有独特的印象，但整篇文章从结构上看略显凌乱。若中间两段有小标题，则全文各段都应该有。(海飞)

如果信仰有颜色，那一定是中国红

——观《红船》有感

海宁市安澜学校小学部　陈思妤

　　在中国，过年过节或是欣逢喜事，人们喜欢挂大红灯笼、贴大红喜字、鸣大红鞭炮、穿大红衣服，还有大红的压岁包……迎风飘扬的国旗是红色的，我们胸前的红领巾是红色的。如果你问我喜欢什么颜色，我会骄傲地告诉你——我喜欢中国红。

　　暑假里，我观看了电影《红船》，内心久久不能平静，脑海里始终闪现着那艘在烟雨迷蒙中摇曳的游船，耳边始终回响着船舷两侧激起的浪花声。《红船》是一部向建党百年献礼的电影，我被那个洪流激涌的年代、那群有理想有信念的革命者震撼了。

　　我一直有去南湖实地看看的愿望，终于，在今年的国庆期间，妈妈带我去嘉兴南湖瞻仰了红船。当年那条画舫的仿制品现在正停泊在湖心岛边，很难想象，这条与普通游船别无二致的画舫里，发生过开天辟地的大事。

后来，我们又参观了南湖革命纪念馆。看到高高悬挂的中国共产党党徽和邓小平爷爷题写的"南湖革命纪念馆"七个熠熠生辉的金色大字，我的崇敬之心油然而生。走进馆内，映入眼帘的是一艘铜制纪念船，它无声地讲述着红船领导中国人民劈波斩浪的光辉历程。那一幅幅珍贵的照片、一篇篇翔实的史料、一件件先烈的遗物，让我心如潮涌，感慨万分。

翻开鲜红的党史细细品读，"红船"书页上记录着一位位伟大的革命先烈：有胸怀抱负、英勇就义的李大钊，有写下"砍头不要紧，只要主义真"的夏明翰，有弹尽粮绝后宁死不屈、抗日到底的杨靖宇，有"竹签子是竹子做的，共产党员的意志是钢铁"的江姐，还有为了整个潜伏部队而忍受烈火的邱少云……他们用脚步探索共产主义的前行道路，用行动捍卫共产主义的鲜红旗帜，用鲜血诠释共产党人的铮铮风骨，用生命证明对党的忠诚信仰。这是最亮的颜色，是美丽的中国红。

进入和平年代，"红船"书页上仍然散发着耀眼的光芒。有放弃国外优厚待遇、历尽千辛万苦回到祖国的"两弹一星功勋奖章"获得者钱学森，有走遍兰考的村村寨寨、一心治理盐碱地的县委书记焦裕禄，有两次抛家别母进藏、血洒高原的孔繁森，有深藏功名六十余年的"共和国勋章"获得者张富清，还有刚过完三十岁生日、将生命永远定格在扶贫路上的"时代楷模"黄文秀……一代代中国共产党人接力前行，谱写了一篇不朽的奋斗史诗。这是最亮的颜色，是美丽的中国红。

作为一名小学生，我们该怎样延续红色的血脉，筑就坚定的信念之柱？我想，我们要从身边小事做起，爱家人、爱老师、爱学校、爱家乡，努力学习，磨炼意志品质，不怕挫折和失败，练就建设祖国的本领，担当起新时代赋予我们的使命和责任。

从嘉兴南湖启航的红船，到天安门广场升起的五星红旗，再到我们胸前飘扬的红领巾，中国大地处处闪耀着坚定的信仰。正如2021年孟晚舟女士回国时发表感言所说，如果信仰有颜色，那一定是中国红！

（指导教师：苏培丽）

专家点评

文章开门见山，直抒胸臆，旗帜鲜明，从中国人日常生活中喜庆必用的红色，说到电影和展馆中的红船，再说到从南湖开始一路探索、一路奋斗谱写的红船之书的"书页"，随着笔触的延伸，文字背后的意蕴也在铺陈、深化和升华，体现出了新时代少年对红色基因、崇高信仰的理解所应具有的高度和深度。（高长武）

一叶小红船，万钧大力量

——观《红船》有感

嘉兴市秀洲实验小学　何宇轩

在烟雨朦胧的南湖，在碧波荡漾的南湖，在秋水依依的南湖，在水光潋滟的南湖，我无数次瞻仰过这艘红船。怀着南湖儿女特有的自豪感，我第二次进电影院观看电影《红船》，依然热泪盈眶，依然热血沸腾，一股火热的力量在胸中滋长。

《红船》用111分钟，从以毛泽东为代表的第一批中国共产党人求索前进的角度，全方位呈现了中国共产党不惧风雨、穿涛破浪、傲立东方的伟大征程，生动传神地塑造了毛泽东、陈独秀、李大钊、李达、周恩来等个性鲜明、命运迥异的历史人物，展现了伟人们在那个特定历史时期的思索与进取、沉浮与抉择，诠释了开天辟地、敢为人先、坚定理想、百折不挠、立党为公、忠诚为民的"红船精神"。

我从《红船》里看到了"永葆初心"的精诚力量。在陈独秀将《共产党宣言》的翻译本交给毛泽东后，毛泽东日夜研读，心有共鸣时，忍不住敲桌子、跺起脚，还因此被楼下的客人投诉。他不断地念着那句"无产者在这个革命中失去的只是锁链，他们获得的将是整个世界"，那句"天亮了"更是形象地表明马克思主义仿佛一盏明灯，照亮了黑暗中的中国人向前的道路。事实证明，只有共产党才能救中国，只有以"为中国人民谋幸福，为中华民族谋复兴"为初心和使命，始终保持与人民并肩而立，才能在波澜壮阔的历史中找到光明的转折点。

作为一名小学生，我们要走好新时代的长征路，必须坚定理想，努力学习，不忘"做德智体美劳全面发展的新时代少年"的初心。记得校庆期间，有一天我既要参加表演，又要进行书法展示，落下了"鸡兔同笼"这节数学课。虽然很疲惫，但是我想到第二天还有新课，就请妈妈帮忙，在网络上找出这节课的内容，认真学习之后再补作业，一直到晚上十点钟才休息。第二天，同学们看到我熬红的眼睛，看到我工工整整的作业，都惊呆了，纷纷向我竖起大拇指。是的，我永远牢记学习的初心，刻苦努力，永不掉队！

我从《红船》里看到了"不畏艰难"的奋进力量。影片中还原那一段经典的历史，党的一大原本在上海望志路举行，因法租界巡捕房密探突然闯入而被迫中断，于是转移到了嘉兴南湖的一条小船上。中国共产党从成立之初就经历艰险，但是党内永不缺舍小家为大家的奋斗者，他们在生死关头毅然用自己的血肉之躯扛起重担。

在学习和生活中，每个人都会遇到大大小小的困难，我们要有"明知山有虎，偏向虎山行"的勇气和担当。五年级时，我被推荐参加嘉兴市演讲比赛，我也曾感到紧张、没有底气，但是想到不畏艰难的"红船精神"，我又充满了力量。我主动向老师请教，反复打磨细节，嘴唇发麻了，喉咙干燥疼痛了，我也没有放弃练习……最终我站上舞台，取得了全市一等奖的好成绩。困难就像弹簧，我强它就弱了！

我从《红船》里看到了"敢为人先"的创新力量。李大钊在南开大学演讲时，一个胆大的学生问："难道我们四万万中国百姓，只有选择走洋路才能摆脱黑暗吗？"李大钊笑了笑，以学生们穿的皮鞋为例，告诉他们学习马克思主义是学习它的精神实质，要通过学习走出一条属于中国人自己的道路。党的百年历史也表明：必须要有科学的理论，才能有正确的行动。我们的党并不是故步自封的老人，必须紧跟时代的步伐，以勇于革新、不断审视自我的姿态，大踏步走在时代前沿。

在学习和生活中何尝不是这样，只有善于发现问题、勇于提出问题、勤于解决问题，才能跑出创新加速度。难以忘记，今年暑假，我三次来到海宁"静待花开"民宿，走访经营民宿的阿姨、农场的叔叔，还去嘉兴南梅村实地调查……我用脚步丈量这片土地，到实地去聆听不同的声音，积累了充实的素材，最终完成了人生中第一份提案——《关于发展嘉兴乡村旅游民宿新业态的建议》，得到了好评。我勇于突破自己，实现了人生中的第一次，我用行动实践敢为人先的精神，我为自己感到骄傲！

　　走出电影院，我的眼前还是那艘红船，在碧波荡漾的南湖，它正引领航向……红船啊，我会永远追随你！

（指导教师：唐玲芬）

专家点评

　　小作者从《红船》的两次观影体验中，汲取到了"永葆初心"的精诚力量、"不畏艰难"的奋进力量和"敢为人先"的创新力量，并知行合一，努力转化为学习和实践的精神动力，取得丰硕的成果。可谓"一叶小红船，万钧大力量"。（郑重）

红船起航，扬帆新时代

——观《红船》有感

海宁市狮岭学校　展　诺

　　小小红船水中游，伟大时刻它见证，从此打开新篇章，翻天覆地新征程。暑假，我观看了电影《红船》，它就像一把钥匙打开了历史厚重的大门，让我对红船有了更深刻的认识。

　　红船，是宣告中国共产党成立的红之船。

　　那是 1921 年 7 月 23 日，中国共产党第一次全国代表大会在上海法租界秘密举行，却遭到巡警袭扰，代表们被迫转移，几经周折后来到了嘉兴南湖的一艘游船上。南湖微风阵阵，细雨迷蒙。以毛泽东、李达、董必武等为代表的革命者经过激烈的讨论后，宣布中国共产党成立，并通过了《中国共产党的第一个纲领》。从此，每个中国人心中有了一条不平凡的船——红船。

　　红船，是风雨飘摇中的中国的领航船。

　　在革命的道路上，虽然遭受了一次又一次的打击迫害，但红船中传来的指引——"救救中国，救救中国人民"，让共产党员坚定理想、百折不挠，誓与敌人抗争到底。没有大炮和飞机，就靠小米加步枪，就让敌人"送"上来；没有生存之机，就用双脚走出二万五千里长征，换得三军尽开颜。长夜中，革命之火不熄；奋战中，斗争意志不灭。抛头颅，洒热血，一往无前！正是在红船的指引下，1949年，我们终于迎来了曙光——新中国成立了！

红船，是承载了中国共产党人初心和使命的母亲船。

在建设新中国的道路上，我们面临了多少严峻的考验，但红船中传递出的信仰——"立党为公、忠诚为民"，让共产党员在没有硝烟的战争中勇担使命，无私奉献。多少人放弃国外优越的生活，回国建设新中国；多少人以身许国，隐姓埋名做研究，直到生命的最后一刻；多少人在大灾大难前勇敢逆行，冲到人民的身前，以命相护……一百年风雨兼程，前赴后继，才换来了如今的山河无恙，烟火寻常。

红船，是孕育中国新时代青少年的摇篮船。

我们新时代的青少年生在红旗下，长在春风里，不经战乱，不缺衣食，但在生活中也会遇到各种各样的困难与挫折。看，那红船闪耀的精神之光，正激励我们不怕困难，勇往直前。一个周末，妈妈带我去爬东山，那是一条很陡峭的路，嶙峋的石头让人望而生畏，而且旁边没有任何登山辅助。莽撞的我急不可耐地往上爬，还没爬几步就一个趔趄趴在了碎石块上。钻心的疼痛从膝盖传来，眼泪一下子模糊了视线。那一瞬间，畏惧好像一只巨兽将我吞噬，我退缩了。可是，胸前的那一抹红——红领巾——照亮了我的双眼，我的脑海里突然浮现出《红船》的画面，一种力量渐渐浸润我的全身。经过不懈的攀爬，我终于站上了山顶！

在百年的历史长河中，一艘小小的红船，在战火纷飞的年代化为一盏灯，为中国人民指引方向；一艘小小的红船，在生活困顿的年代化为一种信仰，让无数共产党人前赴后继，一心为民；一艘小小的红船，在这繁华的盛世化为一艘巨舰，载着我们走向新的征程。作为当代少年，我们应当学习先辈的精神，乘风而起，为这艘红色巨舰扬帆，助它远航！

（指导教师：吴祎慧）

专家点评

这篇观后感从多方面论述了红船的象征意义。作者的词句掌握和运用不错，文字表达上比较有节奏和格式美。最后还联系了自身实际，于日常小事中锻炼自己，磨炼意志，进而得到启发，有着非常优秀的觉悟和理解能力。最后一段抒情略显烦冗。（海飞）

红

——观《红船》有感

嘉兴市实验小学东校区　周伊诺

忆江南

最忆是那一抹红

烟雨迷蒙间

红色最耀眼

一百年前

开天辟地　峥嵘岁月

红船在嘉兴南湖启航

一船红中国

红是星火

焕发着时代的光芒

红是希望

承载着历史的重托

红是探索

涌动着崭新的信仰

红是胜利

燃烧着革命的热血

一百年后

岁月变迁　幸福生活

红船再启程

点亮少年的星河

湖边的菱歌唱响了激情的红船记忆

红是永恒的基调

胸前的领巾飘起了赤诚的少年梦想

红是青春的召唤

风中的旗帜渲染了坚定的奋斗信念

红是新时代的宣言

江南忆　最忆是红色

波光粼粼　南湖水

红船上　倾心聆听　历史回响

红

最鲜艳

红

荡气回肠

红

代代相传

（指导教师：马馨晨）

专家点评

作品有激情，节奏也明快。若能融入细节描写，会更加生动。另外，像这样的风格接近于歌词的诗作，若能押韵，效果更好。（黄亚洲）

生在南湖畔，长在红船旁

——观《红船》有感

北京师范大学南湖附属学校中港路校区　毛　玥

走出电影院，红船却在我眼前渐渐鲜明起来。对我而言，它不再是南湖里一艘泊驻的画舫，也不再是书上的文字，红船是有生命的！在一群有志青年踏上船头的那一刻，它就成了历史的亲历者与见证人。

在我很小的时候，妈妈就指着南湖告诉我："囡囡啊，妈妈的老家就在南湖旁边的一排小院子里，南湖里有一条红船，来过很多很多伟大的人。妈妈也在这里戴上了红领巾，戴上了团徽，戴上了党徽……"

小小的我，心里便种下了一个梦——南湖，红船……

在电影《红船》里，那个怀表的故事令我动容。当毛泽东赴京请愿失败，团队分崩离析之时，李大钊不仅雪中送炭，还送给他一块怀表。毛泽东视若珍宝，后来为了凑路费不得不典当了怀表。谁知，怀表被何叔衡赎回，却又意外沉入南湖。毛泽东不禁感慨，"嘉兴的南湖把我毛泽东的断言当成了承诺"，以怀表为誓，永藏南湖之底。何叔衡说，中共一大的与会人员平均年龄是二十八岁，而毛泽东当年恰是二十八岁，何叔衡还问，"再过二十八年，中国会是怎样"。我心里一算——正好是1949年啊！激动的泪水，瞬间充盈了我的眼眶。

我想起妈妈曾经眉飞色舞地描绘她在红船旁度过的童年。夏天的傍晚，弄堂里凉风习习，大人们下班后就在院子前面搭一个小桌子，摆上几道可口的小菜，再搬几个小凳子坐下，一家人惬意地边吃边聊。他们聊一聊工作中的乐事，谈一谈校园里的趣事，在嘻嘻哈哈中度过一天的尾巴。天晴的时候，大人们还会带着孩子去南湖畔散散步，去南湖里划划船。兴致上来了，他们会登上烟雨楼，远眺整个嘉兴的美景，或者听老党员们讲讲毛主席在红船上开天辟地的故事。南湖、红船、毛主席、共产党，这些词早已经深深地印在孩子们的心中。成年之后，妈妈和她的小伙伴们也相继成为光荣的共产党员。

嘉兴南湖，是红船起航的地方。身为南湖畔的少年，我踏着红色的足迹，传承着红色的基因。我一定会珍惜现在的生活，好好学习，天天向上，将来为祖国做出自己的贡献！

（指导教师：张钰）

专家点评

　　这篇观后感以红船为纽带，将个人成长与历史叙事巧妙融合。小作者将电影细节（如怀表隐喻时间承诺）与童年回忆（母亲讲述的红船生活）交织，赋予红船鲜活的生命力。语言生动细腻，情感真挚，既有历史厚重感，又不失少年视角。结尾"踏着红色的足迹"的誓言自然流淌，展现了传承红色文化的使命感。若能进一步聚焦个人行动细节，如具体的学习或实践计划，文章将更能激起时代共鸣。（陈宁一）

我心中的"红船精神"
——观《红船》有感

宁波市北仑区泰河学校　韩承煜

　　我的妈妈在单位是做党建工作的,她经常给我讲中国共产党的百年历史。这个寒假,她带我看了电影《红船》,让我对中国共产党的初心和使命有了更深刻的理解。

　　我跟着电影的镜头来到了20世纪初,巴黎和会外交失败,中国国土被列强蚕食,国内爆发了轰轰烈烈的五四运动。在这样的大背景下,李大钊、陈独秀、毛泽东等一批有志之士艰难地探索救亡图存的新道路。1921年7月23日,中国共产党第一次全国代表大会在上海召开,会议进行到一半时,被反动势力发现,代表们临危不惧,与敌人周旋,最终化险为夷,并将最后一天的会议转移到嘉兴南湖的游船上举行。电影最后,代表们全体举起右手,低声而庄严地轻呼:"马克思主义万岁!共产国际万岁!共产党万岁!中国共产党万岁!中国万岁!"这个画面看得我热血沸腾,革命先辈不畏艰险、百折不挠的精神信念深深地震撼了我的心灵。

　　小小红船力重千钧，它承载着中国共产党永恒的理想信念。因为知识有限，电影中的历史背景我不是很懂，但是结合妈妈的讲解，我明白了中国共产党之所以能带领人民走向幸福生活，靠的不是奇迹，而是每个党员敢为人先的勇气和无比坚定的信念。没有革命先辈的坚持与牺牲，就不会有我们的今天。

　　小小红船播撒火种，它让星星之火燃遍整个中华大地。一位诗人说过："一个能够升起月亮的身体，必然驮住了无数次日落。"在艰苦的革命岁月中，中国共产党经历了许多曲折和考验，由小到大、由弱变强，在磨难中经受洗礼，在风雨中成长，一步一个脚印，取得了革命的伟大胜利。

　　小小红船扬帆起航，它开启了中国飞速发展的跨世纪旅程。改革开放40多年来，国家取得了前所未有的成就，我们的生活水平越来越好，妈妈用的手机是华为Mate 60 Pro，很多家庭开上了我国自主研发的新能源汽车……从模仿到创新再到领先，党带领人民走上了繁荣富强的道路。

　　看完电影，我想起了歌曲《我当以》的歌词："点不息星火在胸，继坚韧不拔之勇，向前程旭日开弓，唯心声震耳欲聋。"我们现在虽然还小，做不了惊天动地的大事，但是作为一名少先队员，又身处"红船精神"发源地的浙江，我们应该继承和弘扬"红船精神"，好好学习，时刻准备为祖国做贡献。

　　　　　　　　　　　　　　　　　　（指导教师：邵海芬）

观《建党伟业》有感

慈溪市第二实验小学　胡潆心

　　一个国家，总会有那么一段历史，让一个民族永远无法忘却。坐在课堂上的我曾经以为，这些历史只跟考试有关；而看完《建党伟业》，我终于明白，真正的历史又岂是薄薄的教科书所能承载的？电影带我走进那段激荡人心的岁月，我整个人如同燃烧一般。

　　这是一部为庆祝中国共产党成立90周年制作的献礼影片，叙述了从1911年辛亥革命至1921年中国共产党第一次全国代表大会召开的十年间所发生的一系列重大历史事件。看着一批批有志之士抛头颅、洒热血，为了实现理想不惜牺牲一切，我被深深地感动了，我再一次感受到革命先辈的高尚信仰。影片结尾，在浙江嘉兴南湖的一条船上，中国共产党诞生了，这给中国带来了希望，给人民带来了光明，为中国革命开辟了一条前所未有的道路。

片尾曲响起的那一刻，我湿润着眼眶回到现实，一颗心却仍停留在那段峥嵘岁月。

我想到我的妈妈，她是一名共产党员，在村委会上班。妈妈常说，作为一名基层的党员干部，她虽不能为祖国做出大贡献，但在面对困难时，必须冲在前面，对人民群众负责。想起妈妈在基层的这些年，台风来临时，她穿着雨衣行走在村里的各个角落，关心需要帮助的人们；过年过节时，她总是挨家挨户去检查消防、用电情况，确保大家过一个平安节……这样的事例还有很多很多。妈妈用实际行动履行自己的承诺，发挥党员的先锋模范作用，以饱满的热情为人民群众服务，用实际行动帮助群众。我不禁感到惭愧，我不仅不理解妈妈的辛苦，还总是缠着她让她陪我。现在我明白了，是共产党员的使命感让她一直保持初心，这么多年一直坚守第一线。我要珍惜来之不易的幸福生活，肩负起时代赋予我们的使命，挥洒青春汗水，为祖国的明天而努力奋斗！

（指导教师：罗旭）

承前人之魂，成未来之梁

——观《我和我的祖国》有感

温岭市松门镇第二小学　应睿翔

"时序轮替中，始终不变的是奋斗者的身姿；历史坐标上，始终清晰的是奋斗者的步伐。"一部电影，七个瞬间，百味人生。《我和我的祖国》用七个故事将祖国的伟大投射到银幕，激发出我们最朴素的爱国情怀。

电影中，电动升旗装置的设计师林治远鞠躬尽瘁，彻夜不眠，争分夺秒调试机器。为了让国旗顺利升起，他克服心理障碍，爬上20多米高的旗杆，让人热泪盈眶。而百姓捐出家中金属物品的情节更让人动容，虽然他们不懂什么东西可以提炼出所需元素，但是他们知道，升旗遇到困难了，他们要站出来，尽心贡献自己的力量。

"一方有难，八方支援"，中国人的凝聚力，你永远都不用怀疑。抗美援朝的队伍中，人民子弟兵来自全国各地；河南暴雨，全国人民捐赠物资，为灾区助力。中国人的凝聚力生生不息。

　　电影中，女排的故事不仅让我看到了什么是中国人的凝聚力，更让我知道了什么是中国智慧、中国精神。中国女排先后十次成为世界冠军，其背后是遇到瓶颈时的坚持、坚持再坚持，是潜心训练、脚踏实地的厚积薄发，是不畏强敌、见招拆招的随机应变。女排精神鼓舞着中国人向前向上，永不言弃。华为公司从零开始，用一行行代码搭建起自己的操作系统。他们潜心钻研，愈挫愈勇，靠着5G技术和自主研发的芯片，突破技术封锁，成为全球通信领域的"巨人"。中国凭着行动告诉世人什么是在逆风中前进。

　　电影中的故事还有很多，蕴含的精神让人回味无穷。英雄在危难中抛头颅、洒热血，为我们染红了鲜艳的国旗，给我们拼来了和平的春风。身为中华少年，我们在阳光下奔跑，在歌声中欢笑，在书香中成长，是否也应该有所行动，为国旗增色？

　　"恰同学少年，风华正茂；书生意气，挥斥方遒。"我们应当从现在做起，从小事做起，将个人理想融于中国梦，脚踏实地，做优秀的少先队员，做祖国的栋梁之材！在先辈们撑起的蓝天下，且看那赤旗的世界，吾辈少年雄于地球，中国雄于地球！

（指导教师：林菊红）

伟大的小人物

——观《我和我的祖国》有感

杭州市余杭区大禹小学　藏语晗

　　"我和我的祖国，一刻也不能分割，无论我走到哪里，都流出一首赞歌……"每当熟悉的旋律响起，我总会情不自禁地哼唱。今年寒假，我又一次观看了电影《我和我的祖国》，又一次心潮澎湃，热血沸腾。

　　这部影片共有7个故事，分别是《前夜》《相遇》《夺冠》《回归》《北京你好》《白昼流星》和《护航》，最令我印象深刻的还是《前夜》。林治远负责为新中国的开国大典制作电动升旗装置，可在测试的时候发现旗杆顶端的金属球坏了，而要想顺利升旗，必须安装新的金属球。林治远手头已经没有所需材料了，于是他的助手爬上房顶向群众喊话，请求大家帮助。刚开始只有一个人来，后来人越来越多，像潮水一样，大家都拿出家里的宝贝，每个人心里想的都是自己的材料能用上，为祖国贡献一份力量。我被人们的爱国之情打动着，不起眼的小人物一下子变得高大起来。

金属球做好，升旗试验成功，可天安门那边却传来了坏消息——旗子被卷进去了。于是，林治远迅速赶往天安门，去更换旗杆顶部的终止装置。林治远恐高，爬到一半时，他害怕地停了下来，可为了10月1日的升旗，他最终克服了恐惧，顺利地完成了终止装置的更换工作。开国大典，一切顺利，毛主席升起的国旗代表着中国人民当家做主了，真正站起来了！无数中国人热血沸腾，林治远流下了热泪。

我想，全城百姓的团结一心、为祖国尽心尽力的精神是多么可贵！他们虽然不富裕，但在国家有需要时会义不容辞地贡献力量，这是爱国的表现，也是本能的反应。一个人就像一滴水珠，许多滴水珠聚集起来，就能变成广阔的汪洋。

看看如今的中国，取得的成就无不是靠着一代又一代中国人的前仆后继。守卫边疆的战士、城市的清洁工、善良的白衣天使、勤劳的农民伯伯，这些各行各业的普普通通的小人物，都在为美好的生活奋斗，也为祖国的繁荣昌盛贡献自己的光和热，他们都是最可爱的人。

"我和我的祖国，一刻也不能分割，无论我走到哪里，都流出一首赞歌……"我反复地吟唱这首歌，心中充满了力量。我愿做这样的一个小人物，我将学好本领，为伟大的祖国添砖加瓦！

铭记，在前夜之后

——观《我和我的祖国》有感

杭州市江心岛小学 叶梓昊

历史如长河，奔流间，望见无数浪花。在记载、书写的光辉和峥嵘中，民族血脉与父辈记忆交织，构筑成心底的自豪与骄傲——祖国，一个宏大而亲切的名字。

拭去相簿的尘埃，那些被定格的瞬间再次清晰：这是我们熟悉的过去，亦是未曾忘却的记忆。电影《我和我的祖国》以7个历史时刻为单元，凝聚成新中国成立70年来"平凡的大多数"所书写的不凡。透过银幕再回首，"我"串联着"家"与"国"：是单独的主人公的"我"，是千千万万的"我们"，用双手擎起祖国。

《前夜》是整部电影的开篇，讲述了开国大典前夜天安门广场电动升旗装置负责人林治远的故事。"万无一失"是目标，也是信念。升旗装置的调试惊心动魄、扣人心弦，齐心协力、攻坚克难的过程则使人感动而感慨。于是，影片所讲述的"前夜"的历史瞬间超越了具象的意义，成为新中国成立前的"漫漫长夜"的象征——

觉醒的前夜，前赴后继的岁月。

从屈辱而昏暗的近代走来，襁褓中的啼哭，哭向疮痍的大地，哭醒了先觉的勇士——觉醒，觉醒！

是的，历史书上的一页、一个句子、一个知识点，就是他们的一生；是的，身处和平年代的我们，无法真正对那段关乎民族存亡的岁月感同身受；是的，没有枪炮轰鸣，没有贫寒疾苦，历史与我们有着时代的距离——但并非遥不可及，并非无法想象。通过课本、通过影视，太多太多的途径，太多太多的方式，我们一次又一次向救亡图存的他们仰望，因为前辈们的奉献和牺牲是伟大且不朽的。

鲁迅问：假如一间铁屋子，是绝无窗户而万难破毁的，里面有许多熟睡的人们，不久都要闷死了，然而是从昏睡入死灭，并不感到就死的悲哀。现在你大嚷起来，惊起了较为清醒的几个人，使这不幸的少数者来受无可挽救的临终的苦楚，你倒以为对得起他们么？

钱玄同回答：然而几个人既然起来，你不能说决没有毁坏这铁屋的希望。

这就是"铁屋之辩"，而"他们"便是鲁迅口中的第一批醒来的人。这些先觉者大声唤醒其他昏睡的人，于是醒来的人越来越多，力量越来越大。当人们终于打破那铁屋、呼吸到新鲜的空气时，先觉者却已经倒下了。

他们面对的是寂寞与危险，他们守护的是微弱的希望，他们知其不可而为之，推动着革命的巨石，奋进后失败，失败后又奋进，付出流血和牺牲的代价，却始终保持前进的姿态。

我们不知道究竟是什么支撑着他们，但我们应该知道那是什么。

国家兴亡，匹夫有责。

我想起在电视剧《觉醒年代》中，陈延年、陈乔年兄弟英勇赴死，他们一个坚称"革命者只有站着死，绝不下跪"，一个高呼"让我们的子孙后代享受前人披荆斩棘换来的幸福吧"。如今，我们正享受着他们披荆斩棘换来的幸福，走上了通往美好的繁华大道。风声猎猎，红旗飘飘，行路者又怎能忘却奠基与开拓之艰辛，怎能忘却那沉重而坚定的步履？

银幕上，影片的分辨率下降，天安门城楼上铿锵的宣言响彻寰宇，"前夜"终于过去了。疲惫的林治远再也无法抑制自己的泪水，他做到了"万无一失"。

"自反而缩，虽千万人，吾往矣。"这是一脉相承的勇气，是民族向上的精神。

（指导教师：王佳容）

我心中的歌
——观《我和我的祖国》有感

杭州市钱塘区听涛小学 谢泽暄

　　我的小伙伴，你可曾听过一首优美的歌曲？"我和我的祖国，一刻也不能分割，无论我走到哪里，都流出一首赞歌……"这首歌代表了每个中国人对祖国的热爱和自豪，每每听到这个旋律，我就感到心潮澎湃。寒假期间，我观看了一部和这首歌曲同名的电影，它是新中国成立七十周年的献礼片，用七个故事串起了新中国这一路的风雨兼程。爸爸的讲解使我对故事有了更深的理解和体会，故事中每个坚强的"小人物"都在用自己的方式爱着祖国。

　　在七个故事中，我印象最深的是《前夜》。这个故事发生在1949年10月1日开国大典前夕，因为新中国成立之前经历了二十八年的战乱，我们的物资是很匮乏的，所以很多事情都变得非常困难。在开国大典上，毛主席要亲手升起新中国第一面五星红旗，所以这个升旗的电动装置就显得非常重要。故事里的工程师排除万难，一次次安装和调试，最后圆满完成任务。一想到那句"二十八年革命、两千万人牺牲换来的红旗，我们要做的只有四个字——万无一失"，我的心情就久久不能平静。不到最后一刻不放弃，国家交给我们的任务，必须做到"万无一失"！

另一个我很喜欢的故事是《夺冠》。它以1984年8月8日中国女排奥运会夺冠的比赛为背景，讲述了上海石库门弄堂里发生的故事。小主角东东给我留下了很深刻的印象，他年纪不大，对于梦想却很执着，而且很有奉献精神。我听妈妈说，在80年代初，电视可是个稀罕物件，所以弄堂里的邻居们想看女排的决赛可不容易。东东为了邻居们可以看上电视转播，放弃了送别好朋友的机会，选择在天台上举着天线。我觉得做出这个决定是很艰难的，我很佩服东东。这个小故事中没有惊涛骇浪的情节，但感动我的是东东的矛盾和选择，他非常想去送别好朋友小美，为此也做了很多准备，可是他最终选择对街坊邻居负责。听妈妈讲，这就是小我与大我的选择，有时候需要我们牺牲一些自己的利益，去成就社会的美好。

看完整部影片，妈妈问我为什么眼眶红红的，我趴在她的身边说："妈妈，我们的国家走到现在真是不容易啊！研发原子弹是那么艰苦，他们那么久不能回家；香港回归那个时间细节真是太惊险了，我的心都一直揪着呢；奥运会的时候，你和爸爸在哪儿呢？"妈妈看着我笑了，告诉我："祖国是我们每个人的妈妈，等你长大了，要用你自己的方式去爱你的'妈妈'！"

"我亲爱的祖国，你是大海永不干涸，永远给我碧浪清波，心中的歌……"等我长大了，不管是否平凡，我都会用我的行动去热爱美丽的祖国！

（指导教师：蓝小花）

那一抹温暖的中国红

——观《我和我的祖国》有感

慈溪市文锦书院　徐成睿

　　妈妈曾经对我说，世界上最好看的颜色是中国红，最好听的歌是《义勇军进行曲》。

　　今年春节，在万家团圆的日子里，我和哥哥一起观看了《我和我的祖国》。这部电影用7个故事，串联起了新中国成立70年来那些让人刻骨铭心的重要时刻。《前夜》讲述了1949年开国大典前夜，天安门广场电动升旗装置设计者林治远等人克服重重困难，保证第一面五星红旗在开国大典中顺利升起的故事。《相遇》讲述了科研工作者为我国国防事业默默付出的故事，他们隐姓埋名，远离至亲至爱之人，身心承受着巨大的压力，将自己的青春献给了祖国。《夺冠》重现了中国女排在奥运赛场的英姿，同时将镜头聚焦普通人，记录了80年代全民为女排喝彩的场景。《回归》讲述了为确保五星红旗分秒不差地飘扬在香港上空，所有人在各自的岗位上竭尽全力的故事，看到国歌声中冉冉升起的五星红旗，我和哥哥都默默流泪了。《北京你好》讲述了出租车司机将自己视若珍宝的奥运会开幕式门票送给汶川地震孤儿的故事。《白昼流星》讲述了神舟十一号飞船成功着陆的故事，草原两兄弟也从懵懂无知变得有责任、有担当。《护航》展现了中国空军女飞行员的飒爽英姿和她们的默默坚守、无悔付出。

电影虽然结束了，我和哥哥却仍热血沸腾、意犹未尽。我想起了妈妈跟我讲过的外公的故事。外公四岁那年，日本侵略者进了村，外公的爸爸那天正在放牛，日本人想抢牛，外公的爸爸不肯给，日本人当场就用刺刀杀了他。外公从此与他的妈妈相依为命，从小就吃不饱、穿不暖，还要被人欺负。尽管成绩好，但是因为家庭贫困，他没读完初中就辍学了。妈妈是外公的独生女，她说自己是生在红旗下、长在春风里，见证着祖国日益繁荣昌盛。虽然她平时很忙，但她非常热爱自己的工作，节假日也不太休息，总是穿着红色的志愿者马甲，带着我和哥哥去做志愿工作。我们跟着她去养老院给老人洗头发、剪指甲，跟着她去爱心粥屋给环卫工人送早餐，还为失独母亲和困境儿童送温暖、献爱心。妈妈经常说，我们虽然是普通老百姓，也要为祖国做出自己的贡献。

少年强则国强，为了祖国的明天更美好，我会更加努力学习，不断提高自己的能力，让中国红更温暖！

观《我和我的祖国》有感

杭州市余杭区凤凰小学　程　宁

　　有一种情怀永不磨灭，那就是爱国；有一种纽带永不分割，那就是我和我的祖国。从 1949 年到 2019 年，整整 70 年，一部电影，一个没有结束的故事，一条布满荆棘的道路，一代代人俯下身，砥砺前行。

　　故事的开始是《前夜》，1949 年开国大典前一晚做最后的准备。北京城内彩旗飘扬，天安门内人们行色匆匆，林治远焦急万分。他克服困难，不断试验，克服恐高的生理反应爬上旗杆，那个自动升旗装置中的阻断球更是汇集了千家万户的爱心。当五星红旗终于在天安门冉冉升起时，世界还是那个世界，中国已不再是那个中国。当世界人民听到"中华人民共和国、中央人民政府今天成立了"的时候，飘扬的五星红旗不仅宣告了一个国家的诞生，更昭示着一个多灾多难的民族终于挺直腰杆站起来了。

　　两弹一星，震惊全球，背后是多少科学家的默默付出。在警报声响起、全员撤离时，高远奔向仪器，用自己的健康挽救了即将失败的实验成果。他在公交车上遇见了曾经的恋人，却选择继续保密："我不认识你，你认错人了。"在大爱和小爱之间，他们选择了前者，从此，人生只有相遇，而没有相聚。

　　另外，《夺冠》讲中国女排奥运会夺冠；《回归》讲香港分秒不差地回到祖国的怀抱；《北京你好》讲张北京将宝贵的奥运会门票给了汶川男孩，只为让他"摸摸爸爸装过的栏杆"；《白昼流星》讲神舟十一号飞船成功着陆，也让哥哥和弟弟重新燃起了对生活的希望；《护航》讲优秀的女飞行员见证大阅兵……

　　看到最后，我已泪流满面。70年，一代又一代人的风风雨雨、艰苦奋斗，才换来了我们今日的幸福安逸。电影已经结束，但祖国的富强之路还在继续，作为少先队员，热爱祖国是我们义不容辞的责任，为祖国的繁荣富强而努力更是我们的人生目标。

　　少年，加油！

　　中国，加油！

（指导教师：杨根红）

做一个勇敢的人

——观《我和我的祖国》有感

杭州市丁荷小学 虞 婧

漆黑的夜晚是由一颗颗星星照亮的，我们的革命先辈用自己的坚持，为我们开拓出一条光明的路。电影《我和我的祖国》里一个个生动的人物也是这样，默默前行，替我们照亮前路。

他们是勇敢的人。林治远在升旗前夕克服恐惧，爬上旗杆，焊接阻断装置；高远不怕辐射，在关键时刻阻止事故的进一步恶化，自己却严重受伤。

他们不害怕吗？他们也怕。

林治远在为开国大典做最后的升旗准备时，阻断球却突然坏了。他怕找不到重做阻断球所需的稀有金属，也怕自己完成不了焊接的任务，更怕耽误隆重的开国大典。千辛万苦凑齐了材料，好不容易进入了天安门，恐高的林治远想到这是新中国的第一次升旗，他咬紧牙关，克服内心恐惧，不顾一切地爬上了旗杆，完成了焊接。

他们是甘于奉献的人。吕潇然，空军梯队中最优秀的成员，为了和男学员一争高下，她敢于挑战离心机的8级强度，在测试中咬紧牙关坚持了下来，最终获得了成功！

她太优秀了，优秀到成了全队的保险——备飞。

难道她不委屈吗？

委屈。当眼泪围着眼圈打转时，当她问出为什么时，她不甘心。但她还是说服了自己，一个人的胜利不是胜利，全体的胜利才是，就像《护航》的英文翻译——"One For All"。吕潇然大声地说出"我接受组织安排"，这需要多大的勇气啊！

林治远和吕潇然的故事，让我想到了自己六年学舞的坚持。有一段时间，因为舞蹈训练，腿疼得每晚睡不着，但我仍然咬牙坚持、刻苦训练，终于作为集体舞中的一员，拿到了区舞蹈比赛金奖。这是对我的奖励，但这并不是终点。在漫长的成长之路上，我也想和这些前辈一样，拥有水滴石穿的信念。希望在未来，我也能成为照亮黑夜的一颗小星星。

（指导教师：屈广博）

追寻那颗星

——观《我和我的祖国》有感

开化县天地外国语学校　尹启羽

　　一个宁静的下午，阳光洒进窗户。我打开电视，观看《我和我的祖国》这部电影，开篇的第一个故事就令我印象深刻。

　　相比于战士们在战场奋勇杀敌，林治远的工作显得何其平凡，可就是如此平凡的小事，让我看到了一个人对祖国的热爱。

　　为了电动升旗装置的调试，你已经一个多月没回家，当你的妻子送来驴打滚时，大禹"三过家门而不入"的故事立马浮现在我脑海中。问你为何能做到，一句"你以为升起来的仅仅是一块红布吗"点醒了我。正是对国旗的敬仰、对新中国赤诚的爱支撑着你。正因为有千千万万个像你一样的人，我们的国家才越来越强大。

　　还有一幕让我感动至极，那便是患有恐高症的你，克服恐惧爬上杆顶，你的勇敢、你的坚持令我佩服。

　　再想想自己，遇到难题想要放弃时，是不是应该对自己说不？爬到半山腰腿脚酸痛时，是不是应该咬咬牙爬上山顶？夜晚一个人躺在床上因黑暗而害怕时，是不是应该对恐惧说不？我想，当你爬上旗杆顶端的那一刻，你会感到自豪，因为你战胜了这个世界上最强大的对手——自己。

故事结尾处，你站在天安门城楼上，看着五星红旗冉冉升起。确实，那不仅仅是一块红布，那是你的心血，是无数人用生命换来的新中国，更是全体中国人民的希望。那一刻，它升起了，你成功了。

此时，五星红旗正飘扬在这个国家的每个角落，而一切成就都离不开无数像林治远这样的人。作为新时代的少年，我们应该以他们为榜样，去追寻那颗一直在闪耀的红星！

（指导教师：胡黎明）

永恒的红色经典，不灭的中国力量
——观《我和我的祖国》有感

临海市大洋小学北校区 何诗慧

在浩渺的影海中，有一部影片以独特的光芒照亮了我的心，那就是《我和我的祖国》。它不仅是一部电影，更是一首跨越时空的长诗，一曲青春与理想的颂歌，一幅展现中国力量的壮丽画卷。

影片以几个独立而又相互关联的故事，串联起了新中国成立以来的重大历史时刻，每一个故事都是一段感人肺腑的记忆，每一位人物都是一面时代的镜子。从开国大典的升旗，到第一颗原子弹爆炸成功，从女排夺冠的激动人心，到香港回归的分秒必争，从北京奥运会的举办，到神舟十一号返回舱的成功着陆……这些历史瞬间，在影片中得到了生动而细腻的再现。观影过程中，我仿佛穿越时空，亲身经历了那些激情燃烧的岁月，感受到了红色基因的强大力量。这种力量是坚韧不拔的，是勇往直前的，是无私奉献的。它在中国人的血脉中流淌，成为我们共同的精神财富。

影片中的人物有科学家、运动员、军人、普通市民……他们用自己的方式，在不同的岗位上为祖国的繁荣富强贡献力量。他们的故事让我深刻理解什么是责任、什么是担当、什么是爱国。这些品质不是伟大人物的专利，而是每一个中国人应该具备的精神内核。

《我和我的祖国》不仅让我重温了光辉岁月，更激励了我对青春理想的追求。它让我明白，个人的命运是与国家的命运紧密相连的，只有国家强大，个人才能有更好的发展；只有个人努力奋斗，国家才能更加繁荣昌盛。相信在未来的日子里，我们一定能够继续汲取红色基因的力量，不忘初心使命，实现中华民族的伟大复兴。而我自己也将以这次观影为起点，更加努力地学习知识，为祖国贡献自己的绵薄之力。

（指导教师：任仙萍）

微光汇星海

——观《我和我的祖国》有感

杭州市育才实验学校　徐晟睿

　　星光点点，汇聚成一片璀璨的星海。星光照耀下的中国大地上，有研发电动升旗装置的"我"，有隐姓埋名、投身国防科技的"我"，有参加排球比赛、为国争光的"我"，有开出租车却有大情怀的"我"，还有巾帼不让须眉、开战斗机为国家保驾护航的"我"……无数个或伟大或渺小的"我"，组成了耀眼的星海。让我们再一次寻找《我和我的祖国》这部电影中那些闪耀的"明星"。

北京你好

　　张北京是一名出租车司机，意外中奖得到了一张北京奥运会开幕式的门票，忍不住到处炫耀。这一天，车上来了一位小客人，张北京又开始显摆他的门票，谁知那孩子悄悄留下800元钱，拿走了这张门票。气急败坏的张北京经过一番周折找到这个孩子，却得知孩子的父亲在汶川大地震中去世，他生前是"鸟巢"的建筑工人。当我看到张北京把票送给那个孩子时，心中的纠结如泡在水里的毛线团一样化开了。孩子的行为肯定欠妥，却又情有可原，张北京这个普通北京市民的举动，让观众热泪盈眶。

我在平凡中看见了不凡。在杭州，在我的身边，每时每刻都有平凡的人在温暖这座城。开车礼让行人，地铁上主动让座，对视时向陌生人报以友好的微笑，这点点滴滴都让我们的生活充满爱。这些爱凝聚起来，让我们更加热爱祖国，为生活在这个有爱、有温度的国家感到幸福。

白昼流星

白昼能看到流星吗？能。扶贫英雄李爷爷带回两个流浪孩子，供他们吃住，他们非但不领情，还偷走了李爷爷看病的钱。李爷爷没有惩罚他们，却带他们去看"天上来客"——神舟十一号飞船的返回舱。返回舱从天而降，就如同流星划过两个孩子的心，让他们的心灵得到了洗涤。虽然影片中大量的镜头在表现返回舱着陆的大场面，但我感触最深的却是李爷爷的举动，他在贫穷的西北地区做了几十年扶贫工作，他的生活并不富裕，但他的精神却是富足的。

虽说我们的祖国日益强大，但还是有很多欠发达的山区农村，需要大家通过各种渠道帮助当地人致富。比如直播带货卖农产品，能给当地的农民增加收入，再比如"农家乐"，我的故乡嵊州崇仁镇就新建了以温泉为特色的温泉湖旅游景点，接待全国各地的游客，为当地农民创造了就业机会。"草桥下面一书生，玉树临风正青春。"龙年春晚上，这熟悉的曲调来自我们嵊州的文旅代言人陈丽君，她也在为家乡的农村发展做贡献，一次次在各大平台介绍嵊州的特色景点和美食。"民族要复兴，乡村必振兴"，要让白昼也能看到流星。

　　"我"和"我的"祖国，星海是由每一个"我"点亮的，他们拥有一个共同的名字——中国人！

从银幕中学习英雄精神
——观《长津湖》有感

杭州市钱塘区听涛小学　沈琦煜

　　寒假里，我和爸爸妈妈一起在家里观看了电影《长津湖》。

　　电影讲述了中国人民志愿军在朝鲜长津湖地区与敌人展开激烈战斗的故事。志愿军七连连长伍千里去往抗美援朝战场时，他的弟弟伍万里也一路追随，而他们的哥哥伍百里已经在一场战斗中牺牲了。当志愿军高喊着"抗美援朝，保家卫国"，争先恐后地登上开往朝鲜的绿皮火车时，我被他们舍生忘死的精神深深震撼。

　　那时的朝鲜，气温零下30多度，敌方有坦克、装甲车、战斗机，我们却只有枪、手榴弹、迫击炮，敌人的飞机还炸毁了我们的补给车，战士们没有足够的棉衣和食物。他们在皑皑的白雪中小心翼翼地行军，生怕被敌方的侦察机发现，饿了只能吃几个黑乎乎的冻土豆。在这种兵力、补给悬殊的情况下，我们的志愿军战士最终战胜美军，彰显出坚强的意志和坚定的决心。他们说："我们把该打的仗都打了，我们的后代就不用再打了。"他们用自己的鲜血和生命，造就了下一代和平的生活！

看完影片，很多场景深深印在了我的心里，我忍不住与影片里的战士们一起着急、一起悲伤、一起快乐，对那些为国捐躯的英雄充满敬意，也对我们现在的和平生活有了更深的认识。

有国才有家，我们要热爱自己的祖国。伍百里在战场上牺牲了，伍千里回家探亲，只和亲人团聚了几个小时，就又奔赴战场，祖国有需要，他就立马返回。我们要向他学习，热爱祖国，做共产主义事业的接班人。

学有所长，我们要做对社会有用的人。影片中，"雷公"打炮一击即中，伍万里投手榴弹一投一个准，他们个个都身怀绝技。我们要向他们学习，勤学多思，长大做一个对社会有贡献的人。

坚强勇敢、积极乐观，做新时代的好少年。尽管饥寒交迫，面临生死考验，但战士们无所畏惧，空闲时互相鼓励，苦中作乐。我们的生活、学习条件比他们好太多了，我们更要受得了批评、经得起挫折。"宝剑锋从磨砺出，梅花香自苦寒来。"我们要经得起风雨，不做温室里的花朵。

《长津湖》这部电影不仅仅讲述了一个战争的故事，它更是一堂生动的历史课，一次心灵的触动。我会把《长津湖》中的英雄精神铭记在心，让它成为我成长道路上的一盏明灯。

（指导教师：蒋瑛）

为了祖国和人民，他们向死而生
——观《长津湖》有感

永康市高镇小学　吕欣娜

　　"这场仗，如果我们不打，就是我们的下一代要打，我们把该打的仗都打了，我们的后代就不用再打了。"多么铿锵有力、掷地有声，这是电影《长津湖》中让我印象最深刻的一句话。那时，新中国刚刚成立，美好的生活即将拉开序幕，为了国家的安全与人民的幸福，我们的志愿军战士抛下个人的幸福，义无反顾地踏上了抗美援朝的征程。影片《长津湖》以史诗般宏大的画面，真实地再现了抗美援朝战争中艰苦卓绝的长津湖战役，塑造了在极度严酷的环境下，用青春、热血与生命守护祖国的志愿军战士的英雄群像。

　　在这场战役中，敌我双方实力极其悬殊，物资装备简直不可同日而语。美军自下而上无一不是最先进的现代化装备：陆地上有坦克、装甲车，海上有威力十足的战舰，天上有极具威慑力的战机。他们的士兵一个个身着厚军装、厚毛衣、厚毛袜，脚蹬高筒皮靴，头戴防寒帽，吃的是大餐，住的是防寒帐篷。另一边，我们部队的装备却简陋得令人心酸。在零下30多度的冰天雪地里，我们的志愿军身着单薄的棉衣，食物少得可怜，常常是一些啃不动的冻土豆，漫山遍野的冰雪就是他们的饮用水。武器也比敌人落后一大截。当镜头在火鸡与冻成石头的土豆间来回切换时，银幕前的我早已泪花闪闪。一直以来，我就知道抗美援朝战争打得极其艰难，但我实在没想到竟然艰难到如此地步！我的内心受到了极大的震撼。然而就是这样一支部队，却打败了强大的敌人，靠的是什么？靠的是什么？我反复问自己。对，靠的是不怕死的勇气！靠的是对祖国、对人民的绝对忠诚！

此刻，我的眼前又出现了七连的志愿军战士在猛烈炮火下前仆后继的情景，多么惨烈，多么悲壮！然而，为了战斗的胜利，进攻的脚步没有丝毫迟缓，摧枯拉朽的力量和排山倒海的气势让武装到牙齿的美军止不住瑟瑟发抖。我们的志愿军战士凭的就是这股子不怕死的勇气：即使牺牲也要化身成钉，守住阵地；即使倒下也要化身为岭，守住战场！

"黄沙百战穿金甲，不破楼兰终不还。"在我们志愿军与朝鲜军民的英勇抗击下，美帝国主义被打败了，"在圣诞节前结束战争"的狂言成了永远的笑话。可是，我们许许多多可爱的战士却永远地留在了寒冬，留在了朝鲜……他们用自己的热血融化了冰雪，让大地春暖花开；他们为了山河无恙、人民无忧，选择了向死而生！

　　作为新时代的主人翁，吾辈当自强！我们不但应该珍惜当下来之不易的生活，好好学习文化知识，还要立志长大后把祖国建设得更加繁荣富强，让我们的国家永远屹立，让我们的人民生活永远和平安康！

（指导教师：王雪）

就他们，最可爱！

——观《长津湖》有感

浦江县实验小学　吴雨瞳

"雄赳赳，气昂昂，跨过鸭绿江。保和平，为祖国，就是保家乡……"这，是我们最可爱的人唱出的歌，是他们走上保家卫国第一线时慷慨激昂的呐喊。在远离祖国的抗美援朝战场上，战士们用他们的行动，谱写了一曲又一曲壮怀激烈、感人至深的歌。

当银幕映出"长津湖"三个字，那段战火连绵的岁月便呈现在眼前。正如影片旁白所述，中美军人都不愿回忆长津湖之战，因为这一场血战过于残酷。

当时志愿军的装备落后，只有炸药包、步枪和手榴弹。接近零下40度的环境里，志愿军们握枪的手稍不留神便粘在枪支上面，想取下来必定掉层皮。他们穿的是单薄的棉衣，饿了只能吃冻得像石头的土豆，渴了只能咽雪。同时，他们还要躲避美军飞机的轰炸，要注意行军隐蔽。而以美国为首的"联合国军"呢，他们不仅有先进的武器装备，还有美酒、面包、肉、罐头……如此悬殊的条件，让美军发出"两星期结束战争"的狂言，但我们的志愿军怀着满腔热血，抱着"捐躯赴国难，视死忽如归"的信念，对敌人毫无畏惧。美军拥有绝对的制空权，有先进的武器、精锐的部队；可中国志愿军也不是吃素的，他们有着顽强的意志、迎难而上的决心，还有坚强的后盾——千千万万的中国人民在祖国等待他们凯旋。

当我看到"冰雕连"的片段时，不禁热泪盈眶：积雪覆盖山川，压在战士们的身上、帽檐上，他们卧在雪地里，如鹰般的眼睛直勾勾地盯着敌营。大家犹如拉满的弦上的箭，只要一看到敌人的身影就会立即投入战斗；同时为了不被敌人发现，他们不敢动一下，静静地趴在雪场……白雪皑皑，山河恸哭，"勇士与阵地同在，英雄和日月同辉"。

我们的志愿军发誓"绝不屈服于冰雪"，我们的志愿军说"我们把该打的仗都打了，我们的后代就不用再打了"……我不禁感叹：若没光，我们的战士便是光！若没有和平，我们的战士便创造和平！正因为我们的战士浴血杀敌，我们才免受列强欺侮；正因为我们的战士负重前行，我们才可以岁月静好。

鲁迅先生说："愿中国青年都摆脱冷气，只是向上走，不必听自暴自弃者流的话。能做事的做事，能发声的发声。有一分热，发一分光，就令萤火一般，也可以在黑暗里发一点光，不必等候炬火。"皑皑白雪，我们的战士用鲜血染红了国旗，闪耀了中华！

电影中的一幕幕震撼着我的心，我懂得了现在的美好生活是多么来之不易。这一切，都因为有你们——伟大的志愿军战士，我心中最可爱的人。

（指导教师：黄艳艳）

雪地中的勇气与成长
——观《长津湖》有感

浦江县南苑小学　方胡可

　　春节的一天，屋外是喜庆的鞭炮声，我家的电视机里则播放着《长津湖》。电影的画面是那么冷，与我家温暖的客厅形成了鲜明的对比。电影很长，但我坚持看到了最后。因为我知道，它不仅能让我了解一段历史，更能让我学会许多做人的道理，它将是我成长过程中的一块重要基石。

　　影片的开头，大雪纷飞，雪花像无数白蝴蝶，在空中轻盈地飞舞着。然而，这片宁静的雪地上，却隐藏着即将到来的风暴。

　　随着剧情的发展，战争的残酷逐渐展现在我的眼前。士兵们的脸庞在镜头下显得异常清晰，每一道皱纹、每一滴血汗，都在讲述他们的故事。我看到了他们坚定的眼神，听到了他们沉着的呼吸，仿佛能感受到他们心中那股不屈的力量。他们在冰天雪地中战斗，每个人的脸上都写满了坚定和勇敢。我想，我在那样的雪地里可能连站都站不稳，更不要说战斗了。

　　正当我沉浸在电影的战斗场景中时，妈妈端来了一盘饺子，热气腾腾，香气扑鼻，但电影中悲壮的"冰雕"画面，让我觉得口中的饺子如鲠在喉。

　　情节越来越紧张，战士们面临的困难也越来越大。我看着他们一次次挺身而出，心里默默为他们加油。我开始懂得责任和牺牲的意义，也明白了为什么爸爸妈妈总是教导我要坚强和勇敢。

　　电影接近尾声时，激烈的战斗爆发了。炮火、呐喊、血雨腥风，我的心随着每一阵枪声震动，随着每一个倒下的身影颤抖。然而，在战斗的背后，我看到了人性的光辉——那种在绝境中依然坚守信念、在苦难中依然彼此扶持的精神。

　　最后一幕画面定格，我的心久久不能平静。电影中，战士们在雪地上留下深深的脚印；而我，在上学的路上也留下了小小的足迹。他们面对的是严寒的考验和敌人的枪口，我面对的是考试的压力和成长的困惑。我会记住《长津湖》，记住那些在雪地中留下深深足迹的英雄。他们教会了我勇敢，教会了我坚持，更重要的是，他们教会了我如何去爱这个世界。

（指导教师：卢小娟）

上了战场就是英雄

——观《长津湖》有感

义乌市香山小学　黄逸飞

时光永远不会忘记1950年冬天的朝鲜，冷风刺骨，冰冻三尺，雪地里却行进着火热的中国人民志愿军，火一样的信念，铁一样的意志，向着胜利的前方永不停歇地行进。

2021年上映的影片《长津湖》，就讲述了抗美援朝战争中这样一段波澜壮阔的历史。电影以伍千里、伍万里兄弟俩为核心，通过他们的视角，展现了志愿军战士在极寒严酷环境下坚守阵地、奋勇杀敌的英勇事迹。影片中，毛岸英的那句"上了战场就是英雄"尤为振聋发聩，这不仅是对志愿军战士的赞美和肯定，更是对每一个为国家、为民族、为人民付出过努力的人的最高赞誉。

在《长津湖》中，我们看到了无数英雄的身影。他们或许并不高大威猛，或许并不才华横溢，但他们有一颗坚定的心，有一份不屈的信仰。他们为了国家和人民的利益，义无反顾地走上了战场，用自己的鲜血和生命谱写了一曲曲感天动地的英雄赞歌。

"雷公"，一个普通的志愿军战士，为了战友的安全，毅然决然地将标识弹运走，却因此牺牲。战火无情，那样一个鲜活的战士转瞬间便失去了生命。

对比更见伟大。当感恩节到来，美军在营地里享受山珍海味时，志愿军战士却在山崖下吃着硬如石头的土豆。这样艰苦的条件，也没有击垮战士们的意志，他们坚信，只要是为了国家和人民，任何困难都不足为惧。

"冰雕连"的战士们在极寒的环境下依然坚守阵地，用自己的生命和信仰谱写壮丽的战歌。美军很难想象，究竟是什么样的信念让中国战士在冰天雪地里保持着战斗的姿势，这深深触动了每一个人。

毫无疑问，他们将生死置之度外、为国家和人民奉献一切的精神正是"上了战场就是英雄"的最好诠释。

在今天的和平年代，我们不再需要像志愿军战士那样走上战场，但我们可以用自己的方式，为国家和人民做出贡献。作为新时代的小学生，我们应该努力学习新知识，提高自己的素质和能力；我们也可以积极参与社会公益事业，帮助那些需要帮助的人，做一些力所能及的事情，传递正能量，弘扬社会正气。无论我们做什么，只要心怀爱国之情，为国家和人民付出努力，我们也可以是英雄。

让我们铭记那些英雄，让我们用自己的行动，传承和发扬这种英雄精神。因为，只有我们每个人都成为英雄，我们的国家才能真正强大，我们的民族才能真正振兴。欣逢盛世，当不负盛世，愿以吾辈之青春，捍卫这盛世之中华！

（指导教师：徐梢青）

致敬英雄，永垂不朽

——观《长津湖》有感

杭州市余杭区太炎小学　林雨欣

新年的钟声即将响起，过年的喜悦弥漫在空气中。晚风拂过树梢，一个个摇曳的红灯笼如同披上节日盛装的少女。恍惚间，时光仿佛回到了1950年的长津湖。

那是一个凛冽的冬天，中国人民志愿军在极寒严酷的环境下，凭着钢铁般的意志和英勇无畏的战斗精神，在长津湖战场上奋勇杀敌，扭转了战争局势。电影《长津湖》情节跌宕起伏，结局震撼人心，主角之一伍万里的成长故事更是令人热血沸腾。伍万里从平平无奇的农村青年，逐渐成长为有血有肉的革命英雄，他曾负伤，曾经历与战友、亲人的离别，却在血与火的淬炼中成长，成为坚强的战士。

对比战火纷飞的峥嵘岁月，我们何其有幸，生于盛世，享受和平。我们的先辈承受了那么多苦难，才换来了现在的幸福生活，我们一定要珍惜这来之不易的和平。

　　战争年代有它的英雄，和平年代亦是如此。汹涌的钱塘江上，一名女子跳江轻生。外卖小哥彭清林送餐途中经过，恰巧看到这一幕，他二话不说，勇敢地从十几米高的西兴大桥上一跃而下。巨大的冲击力使他浑身疼痛，可他咬紧牙关，一把抓住落水女子，拼命游向岸边。女子获救后，彭清林跨上电瓶车悄然离去，似乎刚刚的事情从未发生。

　　除了"事了拂衣去，深藏功与名"的外卖小哥，我们身边还有许多无名英雄，他们是救死扶伤的白衣天使，是义无反顾的消防战士，是保家卫国的戍边英雄……发生在华夏大地上的一个个英雄故事犹如一颗颗红色的种子播撒在我们的心中，作为新时代的少年，我们向英雄致敬。

　　璀璨的烟花在夜空中绽放，释放出五光十色的光彩，我抬起头，只见细碎的红光坠落人间，就像英雄的故事跑进了我的心里。

（指导教师：金飞瑛）

游图们，思《长津湖》

——观《长津湖》有感

慈溪市文谷外国语小学　戴梓宸

"终于到图们市了！"我兴奋地喊着。

"是啊，你看，这条图们江的对岸就是朝鲜了。"爸爸对我说。

我眺望着爸爸手指的方向，思绪一下子飘到了《长津湖》这部电影。

影片讲述了抗美援朝战争长津湖战役中发生的故事。令我印象深刻的是，军人们身处零下30多度的严寒，身上穿的还是薄棉衣，在大雪纷飞的地方一待就是好几天，一天甚至连一个土豆都吃不上。但是他们坚决服从上级安排，宁可冻死也不动半步。当美军经过时，看到那些持枪俯卧在雪地里、变成一个个永不倒的"冰雕"的战士，不由得肃然起敬。是啊，在敌强我弱的情况下，只有拥有顽强意志的中国人民志愿军才能取得胜利，才能让敌人震惊！

"儿子，在这个国门前给你拍张照吧！"妈妈的话将我的思绪拉了回来。看着眼前热闹的中朝边境小镇，望着游客们脸上洋溢的微笑，七连指导员梅生说的话"这场仗，如果我们不打，就是我们的下一代要打"猛地扎进我心里。因为他们，我才能在这国门下吃着冰糖葫芦，拍着照，享受旅行的愉快。可他们也是平凡的人啊，也有父母妻儿啊，他们难道不怕死吗？不，他们也怕死，但是他们有一颗伟大的心！

杨根思所在的部队先后多次打退敌人，当阵地上只剩他一个人时，他夹起炸药包冲向敌军，抱着"不相信有完成不了的任务""不相信有克服不了的困难""不相信有战胜不了的敌人"的信念，跟敌人同归于尽。

毛岸英为了抢救一张地图遭美军轰炸牺牲，周围的战友甚至还不知道他的真实身份。

"雷公"为了不让更多人伤亡，开车把标识弹运走，自己葬身在敌人的炮火中。他血肉模糊，眼里却带着光……

"看，那里矗立着一块很高的碑，我们过去看看吧！"

"那里应该是图们市的烈士陵园。"

一座座整齐的墓碑，好像在静静地守护着祖国的边疆。陵园中央的纪念碑上用中朝两种文字写着"人民英雄永垂不朽"八个大字，熠熠生辉。我们肃立默哀，鞠躬致敬，向长眠在这里的革命英烈表达深深的哀思和无尽的怀念。妈妈说，这次旅行是我们全家人的一次思想洗礼，也给我上了一堂爱国主义教育的实践课。是的，它激发了我的爱国情怀，增强了我的历史使命感，坚定了我刻苦学习、报效祖国的决心。

坐在开往下一站的火车上，窗外是"北国风光，千里冰封，万里雪飘"的壮丽河山，窗内是热茶热饭，安闲自在，好一幅国泰民安的画面。

感恩革命英雄，谢谢你们！

（指导教师：陈双双）

观《长津湖》有感

金华市西苑小学　徐羽彤

　　2024年是伟大的中华人民共和国成立75周年，我是何其有幸，生于华夏，安于盛世，见证着祖国的繁荣昌盛。然而时光回溯到70余年前，那场冰天雪地中进行的血泪之战，依然令人心有余悸。追忆那场战争，我们应该向最可爱的人——伟大英勇的中国人民志愿军——致敬。一句"这场仗，如果我们不打，就是我们的下一代要打"，让我肃然起敬。电影《长津湖》就真实地还原了抗美援朝那段壮怀激烈的历史。

　　这是一群怎样的人啊！在荒凉的碎石滩上，他们面对苍穹，无畏地直视敌机的疯狂扫射，没有人发出一声呻吟，鲜血如同红色的烙印，深深地染红了黑色巨石。制高点上，军人们奉命坚守，直到弹尽粮绝，壮烈牺牲。在零下30多度的严寒下，我们的军人始终保持战斗姿态，成了一个个永不倾倒的"冰雕"。看到这里，我的眼泪哗哗地流了下来……

　　岁月如梭，我们的祖国已然崛起，世界瞩目。我的家乡金华，也孕育出了许多英雄人物。比如在我家门前的城南桥头，一座孟祥斌叔叔的铜像矗立，这条被命名为"祥斌路"的道路见证了他的英勇事迹。2007年冬天，为救跳河轻生的女青年，孟祥斌叔叔纵身一跃，女青年得救了，然而他的青春却如一块璀璨的宝石，瞬间被冰冷的河水封冻。"风萧萧江水寒，壮士一去不复返。同样是生命，同样有亲人，他用一次辉煌的陨落挽回另外一个生命。"孟祥斌叔叔的英勇事迹宛如一道震撼人心的闪电，照亮了金色的天空，那是希望的云彩，也是勇气的象征，那是爱的力量，也是生命的歌颂，成为这座城市永不磨灭的记忆。

　　今天的我们是幸运的一代，但我们也要居安思危，以乐观向上的态度做好应做的每一件事，这是我们作为新时代的少年要坚守的信念。我们要成为科技兴国的未来担当，为国家的建设和人民的幸福贡献自己的力量。

（指导教师：徐敏）

何其有幸，生于中华

——观《长津湖》有感

嵊州市城南小学　苏梓涵

　　"没有打不死的英雄，只有军人的荣耀。"这是电影《长津湖》中最令我印象深刻的一句话。《长津湖》讲述的是抗美援朝战争中发生的故事。回望历史，有多少烈士用自己的鲜血化成江河，用自己的身体筑起长城！何其有幸，生于中华！

　　"这场仗，如果我们不打，就是我们的下一代要打。"这是电影中的战士梅生说的话。他也有家，还有一个可爱的孩子。当孩子问他为何要离开时，他应该也曾不舍吧。可他仍义无反顾地上了战场，只为那心中最美好的愿望——让下一代生活在一个没有硝烟的时代。在严寒中，美军穿着长靴，吃着火鸡和肉罐头，甚至还能喝上红酒和饮料，唱着歌庆祝感恩节；而我们的战士呢，穿着薄棉衣、单布鞋，冻得满脸通红，吃的是冻硬了的甚至要放在胸口焐一焐的土豆。可他们仍然挺立在风雪中，望着祖国的方向，轻喊着"新中国万岁"。万里赴戎机，冰雪中挺立，只为祖国繁荣安定的明天！何其有幸，生于中华！

在战场上，志愿军面对的是军事装备远胜于己的美军，可他们凭着必胜的信念与敌人对抗。刚当兵不久的伍万里克服内心的恐惧，与战友们并肩战斗。久经沙场的"雷公"抱着敌人的标识弹，开上卡车朝着远离战友的方向驶去，不幸的是，他被炸弹击中，奄奄一息。在战火的映照下，他黝黑的脸庞上满是伤痕，临别之际，他唱起了《沂蒙山小调》，空荡荡的声音一下下砸在我的心上。有这样一群可爱的人保护着祖国与我们，何其有幸，生于中华！

其实，在我们这个时代，又何尝没有为祖国出力、为人民献力的人呢？袁隆平爷爷为提高水稻产量呕心沥血、苦苦求索，解决了中国人的吃饭问题；张桂梅老师几十年如一日，扎根贫困山区，像一盏明灯为大山里的女孩照亮前进的路……

我们是多么幸运，生在这盛世中华！吾辈当自强，我们有充分的理由努力学习，挺起脊梁，建设祖国！中华民族伟大复兴的中国梦，已寄托在我们身上，你，准备好为她奋斗了吗？

（指导教师：吕秋平）

战士与升旗手

——观《长津湖之水门桥》有感

金华市宾虹小学　黄胤哲

"醉卧沙场君莫笑，古来征战几人回？"王翰笔下的千古名句，不正是抗美援朝志愿军的真实写照吗？视线聚焦到电影《长津湖之水门桥》水门桥边的那一幕……

要炸毁水门桥，就要摧毁美军最大的陆地武器——坦克，坦克的软肋在底部，因此志愿军决定从坦克底部下手。狙击手平河接受了这一任务，背起炸药包勇往直前，很快到达美军的阵地，钻到了坦克底下。正当平河要拉开炸药包的引线时，他的胳膊却被困住了，坦克履带渐渐逼近，朝着平河的手臂缓缓碾压过去……平河忍着剧痛，将目光投向了远处的连长伍千里，恳请他将炸药包点燃。远处的伍千里见到这一幕，泪水在眼眶中打转，最后痛下决心，开枪点燃了炸药包。刹那间，烈火好似熔岩喷发，吞没了坦克，也吞没了平河……

电影落幕，我的泪水止不住地往下滴落。如今的盛世中华，何尝不是先辈们用血与肉筑成的？那一面飘扬的五星红旗，仅仅只是一面旗吗？我不禁想起了我与国旗的故事。

"小黄，祝贺你成为明天的升旗手，提前做好准备哟！"电话一挂断，我忍不住大声欢呼，手舞足蹈！当天下午，妈妈便带我来到学校操场，一起练习升旗的技巧，为周一的升旗仪式做准备。我们学校的升旗方式与我在天安门广场所见的不同，是靠一把手柄将国旗缓缓地摇上去的，这就需要很大的力量以及坚持不懈的精神。刚开始，我只是觉得摇手柄挺好玩，渐渐地，我的手臂肌肉酸痛不已。虽然已经多次练习，但我还是没能在规定时间内将国旗送上杆顶，时不时还会出现手柄脱落的失误。"今天不完成任务誓不罢休！"我暗暗下定决心。十次、十五次……一次次升起，一次次降下，终于，国旗在国歌结束时于杆顶随风飘扬。天居然已经黑了，我望着五星红旗，内心五味杂陈。

那一次次的失败中，我在想什么呢？也许是平河望着渐渐逼近的坦克却不退缩半步的身躯，也许是伍千里强忍悲痛毅然射出的子弹，也许是长津湖战役中战士们舍生忘死的身影……我一定要让国旗伴着国歌升到杆顶，迎风飘扬！

升旗的经历在我的脑海中渐渐与电影重合。是啊，哪有什么岁月静好，不过是有人替你负重前行。如今的我们，将背负着"少年强则国强"的责任，翱翔九天，让五星红旗永远飘扬！

（指导教师：江蕾梦）

成长，是一种蜕变

——观《长津湖之水门桥》有感

绍兴市柯桥区中国轻纺城小学 徐若菡

　　成长是什么？我曾无法回答。或许是身体的增高，又或许是心灵的洗礼？直到我走进电影院观看了《长津湖之水门桥》，才对成长有了更深的理解。

　　这部电影讲述了抗美援朝战争中伍千里和伍万里两兄弟的故事。哥哥伍千里是经验丰富的战士，弟弟伍万里则是个青涩的新兵。影片从伍万里初入军营讲起，到最后成为唯一幸存的战士，呈现了他的成长历程。

　　伍万里是七连的第677名战士，刚入伍时，他的内心满是对未来的憧憬和不安。片尾，水门桥战役后清点人数，此时的伍万里已不再是懵懂的新兵，而是久经沙场的孤独战士："报告！第七穿插连应到157人，实到1人！"从首长手中接过锦旗的那一刻，伍万里的眼神中流露出的不仅是悲痛，还有坚定和成熟。那锦旗不仅是荣誉，更是对生者的期望和对逝者的缅怀。

电影结束了，我却久久不能平静。我开始明白，成长不仅仅是身体的发育，不仅仅是从课本学到知识，它是困境中的自我救赎，是心灵的历练和精神的提升。

生活充满挑战，就像一座座待攀的高山。面对困难选择逃避，将终生遗憾；勇敢攀登，则前景无限。成长，就是翻越这些高山，也是一次次的蜕变。在这个过程中，我们可能会失去许多，但必定获得更多。这就是成长的意义，既简单又复杂，绝对值得珍惜。

（指导教师：陶叶峰）

英雄永垂不朽

——观《长津湖之水门桥》有感

杭州市富阳区富春第二小学　朱梓萱

　　我们不曾想到，历史书上短短的一句话就是他们的一生；我们无法看见，白纸黑字背后被炮火击穿的岁月；我们不曾看见，照片背后变色的日月山川……现在，我们看见了。这些人有着共同的名字，叫作"英雄"。

　　"雄赳赳，气昂昂，跨过鸭绿江。保和平，卫祖国，就是保家乡。"在20世纪50年代初的抗美援朝战争中，十九万七千多名英雄儿女，为了和平、为了祖国、为了人民，献出了宝贵的生命。在水门桥一战中，战士们兵分四路在水门桥外围克服敌军重点火力，最终成功炸毁水门桥，切断了美军退路。

　　"没有冻不死的英雄，更没有打不死的英雄，只有军人的荣耀。"在电影的最后，伍万里报告第七穿插连应到一百五十七人、实到一人，这个场景极好地印证了那句话——每一个保家卫国的战士都是血肉之躯，却无惧生死。

忘不了"雷公"死不瞑目的片段，忘不了平河被坦克碾过的片段，更忘不了余从戎被炮火炸得灰飞烟灭的片段……仅仅是看电影，就已惊心动魄，寒冬风雪中冻伤的紫得发黑的皮肤，粮食和医药的极度匮乏，破旧的衣衫，落后的武器……第三次炸桥，我永远忘不掉。即使路途遥远、条件艰苦，一声令下，还是义无反顾、整装待发。战士眼里的坚毅最令人动容，落后的装备不会让战士们胆怯，枪林弹雨也阻挡不了他们向前冲的决心。他们铁骨铮铮，他们信念坚定，他们保家卫国。

"我们出生入死，就是为了他们不再打仗。"这句台词看得我热泪盈眶。我们如今每一秒的和平，都是英雄们舍生忘死换来的。最后一人坚定地抱着炸药包冲向坦克，数百名战士哪怕冻死也要坚守阵地，都是为了同一个目标——捍卫国家利益！所以，哪有什么岁月静好，是有人在替我们负重前行！

《长津湖之水门桥》拍的不仅是一场战役，更是中华民族的魂，是炎黄子孙血液里磅礴的力量。如今山河无恙，国家富强，但我们仍须牢记历史，继承革命先烈的意志与精神，勇往直前。

（指导教师：楼羽佳）

父辈的荣耀，吾辈的使命

——观《高山下的花环》有感

舟山市普陀区六横镇中心小学　范珈菡

春节，团聚。

席间，伯伯讲起了他的参军史："17岁那年，一腔热血去当兵，被分配到云南边境，准备参加对越自卫反击战……"

"然后呢?"我迫不及待地问。

"1979年，战斗结束了，没去成……"伯伯遗憾地说。

伯伯今年60多岁，退伍好多年了，但是聊到部队、聊到战友，还是一脸的自豪。

我不禁对这场战争产生了浓厚的兴趣，回到家，打开电脑搜索了一下，《高山下的花环》进入我的视野。这部电影有些年头了，上映于1984年，我花了两个多小时，在紧张和激动的情绪中，一口气把它看完。

电影主要讲述的是九连战士在对越自卫反击战中英勇奋战的故事。透过那浓浓的战火，我看到了一个个最可爱的英雄，他们是那样光彩照人：连长梁三喜无私奉献，舍己为人；排长靳开来豪爽大气，身先士卒；战士雷凯华胸怀大志，才华过人；军长"雷神爷"雷震一身正气，公私分明；养尊处优的赵蒙生经历了血与火的洗礼，最终为战斗的胜利立下了大功。

　　最让我感动的是那张染血的账单。连长梁三喜为救指导员赵蒙生牺牲了，赵蒙生从他身上找到了一张被鲜血染红的账单，本想悄悄替他把债还了，没想到连长给农村的妻子备份了账单，还嘱咐她若自己牺牲，就用抚恤金和卖猪的钱还债。当连长的老母亲从衣服最里层拿出这笔钱时，我的眼泪彻底绷不住了。一家三个儿子，两个为国捐躯，一个被迫害致死，不幸的遭遇几乎不需要多加渲染，老母亲平铺直叙地道来，流露出的真情实感足以让人心痛。片尾，孤儿寡母的身影消失在山路尽头，军长举手敬礼，神情凝重，幸而梁三喜的孩子盼盼已在成长了，他代表的是千千万万军人的希望。

　　"中国是我的，可也是你的。"梁三喜的话一直萦绕在我的耳畔。在国家号召面前，他毅然舍弃与亲人团聚的机会，在硝烟中英勇奋战。纵观当今世界，战火还在燃烧，巴以冲突、俄乌冲突……每每在电视里看到这些地方硝烟四起，满目疮痍，人民流离失所，我就特别感谢先烈们，是他们用鲜血、用生命换来了今日的国泰民安。

　　祖国的千里江山万里海，每一寸都是我们的父辈在峥嵘的岁月里替我们守护的。高山下的那一个个花环，那血染的风采，无不记载着父辈的荣耀。身为新时代的少年，我们肩负着建设祖国的重任，我们并非生来就是英雄，但要在时代的浪潮中争当英雄，要将祖国与人民的利益放在首位，将奉献与拼搏记在心间。

"为有牺牲多壮志，敢教日月换新天。"《高山下的花环》以最精练的手笔、最感人的镜头，带我穿越时空，洗涤心灵。父辈的荣耀，当由吾辈来传承。

（指导教师：高春裕）

观《高山下的花环》有感

杭州市闲林和睦小学　何惟宜

在妈妈的推荐下，我和弟弟一起观看了经典电影《高山下的花环》，深受震撼。这部电影的内涵太丰富，每一个角色都是那么深入人心，那么发人深省。

人怎样才能获得成长？主角赵蒙生的经历生动地回答了这个问题。赵蒙生出身于高干家庭，条件优越，用现在流行的话说，"赢在了起跑线上"。但是人生真有"赢在起跑线"这一说吗？虽然赵蒙生家庭起点高，但是他和许多普通的年轻人一样畏难怕事、一样内心脆弱，对于自己应该追求什么样的人生价值，一样迷茫焦虑，还因为母亲走后门而在战友面前颜面尽失。所以我觉得，"赢在起跑线"是一个很错误的逻辑，一个人家庭的物质富足和地位显赫没有办法内化到他的成长中去。

后来，战争的残酷让赵蒙生发生深刻的转变，一腔热血被激活，他不再逃避，而是勇敢走上战场，勇敢面对困难。在经过战争的洗礼之后，他整个人焕然一新，变得谦逊，变得沉稳，变得积极，变得正直。这说明人想要成长，首先要有勇气去面对挑战。我们当然不用人人都上战场，但是可以在生活中挑战自己、磨炼自己。

人怎样才算高尚？雷军长给了我答案——不徇私舞弊，不因私废公，同时以身作则。赵蒙生的母亲找雷军长走后门的时候，他顶住了压力，而且在全军会议上当众表态："谁把后门走到我这流血牺牲的战场上，我就让谁的儿子第一个扛着炸药包去炸碉堡！"振聋发聩，震慑百邪。事实上，赵蒙生的母亲还是雷军长的救命恩人，但是在大义面前，雷军长选择了公平和正义，因为每个战士都是爸爸妈妈的心头肉。雷军长还把自己的儿子也送上了战场，最后儿子战死沙场，雷军长肝肠寸断的同时，还要写信安慰自己的老伴、儿子的母亲。这样的人不高尚，谁高尚呢？对于我们年轻人来说，从中学到的就是做人要正直，要有原则，严于律己，宽以待人。

人怎样才称得上伟大？连长梁三喜就是一个伟大的人。梁三喜是普通百姓的儿子，通过自己多年的努力，终于在部队扎根，从农民娃成长为一名解放军指战员。战争突然打响，梁三喜主动放弃难得的探亲机会，直接奔赴战场，最终不幸牺牲。国家有难，匹夫有责，哪怕自己千辛万苦才完成人生的跨越，哪怕对妻儿万般不舍，他仍然愿意放下一切，为祖国奉献所有。这样的人，是我们应该崇拜的伟大的人。

　　人能享受的物质非常有限，人的身体也有衰老的一天；但人的精神无边无际，如深邃的太空，可以用一生去提升。树立正确的价值观，并为之不断努力，是我们年轻人生命中的应有之义。

吾心安处是中国

——观《万里归途》有感

宁波市新城第一实验学校会展校区　胡　晔

春节假期，爸爸妈妈安排我在家观看电影《万里归途》。妈妈说，想让我看一看中国外交官是如何在无枪无刃的情况下，把我们的同胞安全带回家的。

电影伊始，无助、害怕、逃离、呻吟……镜头把我们带到了残酷的战争之中。在炮火连天的努米亚，人如蝼蚁一般，街头巷尾到处惨不忍睹。一张张黄色皮肤的面孔，一本本印着中国国徽的护照，此刻成了中国公民最后的希望。

"总有人逆着沙去，迎着风归。"在电影中，这些逆沙而行的人不是钢铁巨人，而是手无寸铁的外交官。他们没有我想象中的光鲜亮丽，只是如我们一般平凡。只求安稳的宗大伟，个性中甚至带着点懦弱；性格耿直的成朗，带着年轻的冲动和稚嫩，缺乏经验。然而，面临险境，他们放弃了"小我"，选择了"大我"，逆风而行，迎难而上。选择的那一刻，他们没有想过要当什么英雄，但是责任感让他们成为真正的英雄。"你有你的底线，而我的底线是带我的人回家！""如果你杀了我们，我的国家会让你血债血偿。"一句句铿锵有力的话，充分展示了他们作为一名外交官的使命，也彰显了他们作为一个中国公民的底气。就这样，他们迎着战火，用自己的勇敢和智慧，向着正义的方向，无畏前行。

在电影的最后，120多名中国同胞终于在外交官的努力下走出困境，踏上了回国之路。身后的炮火似乎依旧在耳畔回响，而首都北京的璀璨烟花已绽放出绚丽的色彩。一边是战火纷飞，一边是繁华盛世，历经劫难的他们告别异乡，回到祖国，恍如隔世，内心百感交集。

流光一瞬，华表千年。如果信念有颜色，那一定是中国红。电影中，那一句深情的"现在，举起你们手中的国旗和护照，我们，带你们回家"感动了无数人，也让我的内心久久不能平静。是啊，326713步，归途虽远，中国却是唯一的方向。作为一个中国人，国家就是我们的信仰，五星红旗飘扬的地方就是吾心安处。

（指导教师：丁伟兰）

吾心安处是中国

——观《万里归途》有感

浦江县浦阳第一小学　陈子歆

"现在，举起你们手中的国旗和护照，我们，带你们回家!"

一句话，点亮了中国同胞的希望，大家挥起手中的五星红旗，高喊"祖国万岁"!

这是我很喜欢的一部电影——《万里归途》，它是根据利比亚撤侨事件改编的。影片中，外交官宗大伟和成朗赴努米亚执行撤侨任务，面对叛军的威胁与逼迫，面对生死面前的艰难抉择，他们毅然决然地挡在中国同胞身前，展现了在炮火连天、硝烟弥漫的异国他乡的爱国情怀。由于没有证件，宗大伟与成朗去找边境官交涉。面对边境官的"刁难"，宗大伟说："你有你的底线，而我的底线是带我的人回家!"宗大伟的执着感动了边境官哈桑，通道终于打通。影片最后，成朗说道："125个人，我们没有枪，带回来了!"他们手无寸铁、赤手空拳，带领华侨穿越战火与荒漠，踏上归国之路，这便是中国外交官的使命和担当。

2022年，乌克兰燃起战火，滞留在乌克兰的中国公民第一次感受到了战争的恐怖与残酷。中国驻乌克兰大使馆发布公告：中国公民可带外籍配偶、父母、子女一同回国！这则公告感动了国人，也羡煞无数漂泊异乡的外国旅居者。中国撤侨，动作之迅速、规模之庞大，又一次让世界见识到了"中国速度"。祖国母亲不会让任何一个孩子家破人亡，无论多远，祖国都会带你回家！一本护照，一首国歌，温暖的红托起了身处异国的同胞的安全感。

"谈，大门敞开；打，奉陪到底。"现实中的外交官，他们为国发声，向世界传递中国声音；他们为人民护航，即便无刀无枪，也誓将战火中的同胞带回家。谁不想活着回家，谁不是"贪生怕死"？他们披上英雄的外衣，便藏起怯懦，为了无数人的"生"，做好"死"的准备。他们用一言一行给我们自信和底气，告诉我们："别怕，有祖国！"

我很喜欢一名外交官，他叫汪文斌。他风度翩翩而不卑不亢，该坚持的立场寸步不退，该守护的山河寸土不让。面对外国政客蓄意挑事的言论，他儒雅又不失霸气地驳斥"不要拿无理当真理，把谎言当武器"，并奉劝他们"早日迷途知返，做好自己应该做的事情"。

从小，我就梦想成为一名外交官，守住国家和人民不容侵犯的利益。为了这个梦想，我开始关注国内外新闻，《新闻联播》《今日环球》成了我最爱的节目，我还努力学习英语，了解国际法。"青年如初春，如朝日，如百卉之萌动，如利刃之新发于硎，人生最可宝贵之时期也。"作为新时代的接班人，我将以时不我待、只争朝夕的态度，好好学习，成长为有用之材，把青春献给最爱的祖国！

（指导教师：曹灵燕）

红星闪闪放光彩

——观《闪闪的红星》有感

宁波市孙文英小学 孙小晴

"红星闪闪放光彩，红星灿灿暖胸怀……"当我听到这首歌时，不禁想起了春节期间妈妈推荐我看的一部电影——《闪闪的红星》。

这部电影主要讲述的是20世纪30年代艰难困苦的环境中，少年英雄潘冬子的成长故事。潘冬子的父亲在一次战斗中不幸负伤，为了省下麻药给其他伤员用，坚持不使用麻醉剂，凭着钢铁般的意志，咬着牙做完了手术。潘冬子的母亲为了掩护群众转移，将生死置之度外，在革命的烈火中光荣牺牲。父母的斗争精神感动了潘冬子，让他的血液沸腾了起来，让年少的他有了报国的志气。

在反动派封山期间，潘冬子躲过敌人一次又一次的盘查，将食盐带上山，解决了游击队的用盐问题。潘冬子用智慧战胜了种种困难，而那些困难也让他变得更加强大。

　　随着革命形势的改变，潘冬子接到新任务，化名郭振山，在窑湾镇上的一家米店做学徒，跟椿伢子一起做小卧底。在这期间，他巧改一字，借众人之力使米店老板损失上万斤米，既让百姓得到了救命的粮食，又打击了反动派。当他再次见到杀母仇人胡汉三时，他随机应变，巧妙回答问题，隐藏了自己的身份。当晚，他趁胡汉三睡着，摸进他的房间，麻利地解决了这个罪大恶极的敌人，同时也报了杀母之仇。看着这一个个精彩的片段，我不禁打心眼里佩服这位有勇有谋的小战士。

　　潘冬子身上有一种爱国的正气，有一种不屈的精神，有一种机敏的才智，而在他心里，有一颗红星，这颗红星是一盏明灯。在母亲牺牲之后，冬子经历了生命的寒冷，但那寒冷正是生命所需的盐，那些挫折正是成长中的基石，是不可或缺的部分。没有这些，就没有那个"长大了"的潘冬子。

　　严冬过去了，春天来临了，在那个开满映山红的春天，冬子成为一名光荣的红军战士，他终于实现了自己的理想。那一刻，他脸上的笑容是多么灿烂，苦尽甘来的幸福感油然而生。历经千辛万苦，冬子终于与爸爸相聚。这些年，冬子把红星放在心上，红星一直在指引着他战斗。在红星的指引下，在战士们的努力下，人们终于迎来了光明，而那段历史，将永远被我们铭记。

　　"红星是咱工农的心，党的光辉照万代"，这部电影的主题曲，我们一直唱到现在，其正能量仍然激励着很多人。一部电影，影响了几代人；一首歌，被几代人传唱；一颗红星，照亮了几代人的路，照亮了无数少年的心。

（指导教师：华梦琪）

木头枪的秘密

——观《小兵张嘎》有感

杭州市富阳区富春第二小学　程涵宥

　　我从小就喜欢听《小兵张嘎》的故事，对故事里的情节倒背如流。在这个故事里，我最喜欢机灵勇敢的小嘎子，他和鬼子斗智斗勇的故事常常听得我捧腹大笑。小嘎子最让我佩服的事情就是用一把木头手枪"下"了敌人的一把真枪，真可谓智勇双全。因为这个，我缠着外公给我做了一把木头手枪，平时没事就在家里玩小嘎子斗鬼子的游戏。

　　寒假里的一天，我拿着木头手枪悄悄走到外公的身后，突然大喝一声："不许动！举起手来！"外公是位老兵，他转过头严肃地对我说："嘎子的枪，对准的可是敌人，你听了那么多遍《小兵张嘎》，最该学的却一点都没学到啊！"我羞愧地低下了头。外公又语重心长地对我说："嘎子是小英雄，小小年纪投身革命，你喜欢嘎子，就要学习嘎子身上的闪光点，学习嘎子的精神。"

晚饭后，爸爸妈妈陪我看了这部经典的红色电影《小兵张嘎》。虽然是黑白电影，但是我觉得看电影比听故事精彩多了，我目不转睛地看到电影结束，也把外公的话记在了心里。

抗日战争时期，冀中白洋淀有个聪明勇敢的男孩，名叫张嘎。在鬼子的一次突袭中，张嘎目睹奶奶为掩护八路军被鬼子打死，八路军侦察连长钟亮也被抓，他悲痛欲绝，决心报仇，于是出发去寻找打鬼子的游击队伍。在路上，他误把游击队的罗金保当作汉奸，想缴他的枪而闹出了笑话。后来，人小鬼大的张嘎缴了伪军的"真家伙"，为了不让队长把枪收回去，他将枪藏到了老鸹窝里。在一次战斗中，他受了伤在老乡家里休养，得知游击队要攻打敌人岗楼，就偷偷从老乡家里跑出来，不幸被捕。在敌人面前，张嘎顽强不屈，在战斗打响后逃了出来，并配合游击队拔掉岗楼，救出钟亮。战斗胜利了，区队长代表部队表扬了张嘎，奖励给他一把真正的手枪，他终于成了一名出色的小侦察员。

看完电影，又看看手里的木头手枪，我明白了很多。以前我听《小兵张嘎》的故事，就是喜欢嘎子的机灵和调皮；看了电影，我才明白张嘎身上真正值得我学习的，是他的勇敢、坚强和爱国心。我们的祖国有今天的强大，靠的是嘎子这样的先辈的热血付出。红色基因代代相传，今天，建设祖国的接力棒就交到了我们的手中，我突然觉得我的木头手枪变得沉甸甸的。

睡觉前，我把木头手枪小心翼翼地放在了我的床头柜上。从此，我的木头手枪里就藏着一个小秘密，这个秘密只有我和嘎子知道。

（指导教师：蒋晓兰）

地下的"战壕"

——观《地道战》有感

温州市龙湾区外国语小学　陈俞西

　　我，是一条四通八达的地道，深藏于冀中抗日根据地广袤的土地下。我平凡而普通，却随着一部颇具年代感的电影《地道战》走进了当代中小学生的生活，激活了孩子们血液里的红色基因。

　　我本来只是家用的小地窖，储藏着米、面等食物。1942年，日寇对根据地进行"大扫荡"，施行"三光"政策，惨无人道。于是，我成了村民的"避难所"。为了更便于藏身，村民又挖了许多地道，把我和其他地窖连接在一起，变成了一个升级版的地道网，还设置了许多陷阱，不仅可以隐蔽自己，还可以与敌人作战，我就成了一道"战壕"。

　　我是一道危险的"战壕"。从单口洞到双口洞、多口洞，敌人防不胜防。为了更好地防御，一种叫作"迷惑洞"的地道派上了用场。这种洞的口子一般是大开的，敌人以为是地道入口，其实下面是一个迷宫。若是死胡同，就有尖刀、陷阱和地雷等着他们；若是活路，必会有一个"子口"，只容一人爬过，等敌人爬过去后，就用铁板挡住他的回头路，既不让其他人进去，也不让敌人逃出来，最后再用红缨枪往里边一捣，他就一命呜呼了！

我也是一道安全的"战壕"。地道挖成好几层，有些地方防御敌人，有些地方打击敌人，有些地方通往房屋，有些地方用来保护百姓。地道里的人也有分工，男人负责挖地道和隐蔽洞口，女人负责照顾伤病员和防守洞口，孩子们负责通风报信并防守闸门，假如有敌人闯进陷阱，他们就把闸门关上，困住敌人，谁也别想跑。除了这些，还有一套完整的防御系统：在低洼处挖一些带着盖板的地道，直通水井，既可以作为陷阱，又可以防敌人灌水；木板和铁板装在地道上，可以防御毒气和火攻，保护大家的安全；还有一种特别的防御毒气的方法，就是利用错综复杂的地道网将敌人放进来的毒气引到一个可疑的盖板下，让敌人误以为是地道口而打开，毒气喷出，就能"以牙还牙"。

你可不要以为，这地道里黑灯瞎火的，传递信息极为不便。经过几次迭代升级，我变成了一道高智能的"战壕"，不用电话线就能建立一个"局域网"。刚开始时，地面上的村民用吆喝暗号的方式来传递信息，他们一个接一个地吆喝，报告着敌情，声音从观察孔、透气孔、透光孔传入地道，地道里的人就能知道情况了。在地道里，还挖了很多小孩手臂粗的细长的小洞，里面放上一根很长的铁丝，两头系上铃铛，握住一端摇一摇，另一端就能听到，至于摇几下铃铛代表什么意思，是事先约定好的。但是这两种方法都有局限性：只能传达特定的信息，没办法说其他话。于是，聪明的村民想出了一个好办法，他们对那些用来放铁丝的小洞做了一些改进，把空空的竹筒塞进洞里，在竹筒的一头说话，另一头就能听清，声音还特别洪亮。这应该算是最原始的电话了吧！这下，我就有了智慧的大脑，只要鬼子进了圈，就一定跑不了！

就这样，我成了一条让敌人闻风丧胆的地道，靠着冀中人民的智慧，靠着党和群众的团结一心，赢得了战争的胜利！

战争岁月过去了，中国在飞速发展中站了起来。如今，我的故事写成了文字，拍成了电影，成了永恒的经典。和平年代，地道战已经远离人们的生活，新的领域产生新的变化，促进新的成长。"天眼"探空、"蛟龙"入海、"北斗"组网……一个个领先世界的科技突破，成了中国崛起的核心力量。我依然是我，我坚信有许多不一样的"我"，在当下、在未来蜕变成一道又一道强有力的"战壕"，守护祖国可敬可爱的人们！

（指导教师：杨小燕）

永远的英雄

——观《少年英雄董存瑞》有感

浦江县实验小学　郑姝含

　　"解放了，天亮了，胜利的号角在天空响彻……"主题曲还在回荡，我早已热泪盈眶。缓缓走出影厅，看着拥挤的人潮，我的思绪还停留在一个个画面中。

　　电影《少年英雄董存瑞》讲述了战斗英雄董存瑞的故事。董存瑞是南山堡的"孩子王"，在区委书记的引导下成为儿童团团长，最后为了炸掉敌人的碉堡壮烈牺牲。影片情节跌宕起伏，一波未平一波又起，我刚刚还在为董存瑞与满仓之间的矛盾而揪心，转眼他们已经团结一致，共同抗日；前一秒还在为满仓有一个英雄哥哥而高兴，后一秒又得知满仓哥哥已牺牲了……

　　电影中最感动我的是这样一个镜头。董存瑞站在桥下，用手高高托起炸药包，高喊："为了新中国，冲啊！"然后毅然拉开导火线，碉堡炸掉了，他也牺牲了……时间仿佛定格在那一刻，我的心中掀起了狂涛巨浪。这就是董存瑞，这就是我们的爱国战士、永垂不朽的英雄。没有他们的付出，哪来今天的和平？没有他们的抛头颅、洒热血，哪来我们的书声琅琅？当我们沉浸于今日的幸福生活时，又怎能忘记他们的献身？

"粉骨碎身浑不怕，要留清白在人间"，和平年代，也有英雄。

和贫困斗争，和疾病斗争，她以百折不挠的精神创办起丽江华坪女子高中，将一千八百多名农村女生送入大学校门。有人问：张桂梅这瘦弱的身体里怎么会迸发出如此强大的能量？我想，这应该源于她最朴素的人生志向——用教育隔断贫困的代际传递。"自然击你以风雪，你报之以歌唱。命运置你于危崖，你馈人间以芬芳。不惧碾作尘，无意苦争春，以怒放的生命，向世界表达倔强。"

历史川流不息，精神代代相传，我也要做英雄。

我们可以做平凡生活中的英雄。过马路时看见有人行走困难，我们跑过去扶住他；遇见校园欺凌，我们挺身而出；雨天，用手中的伞为他人撑起一片晴空……也许，我们的能力不够大，本领不够强，但只要每个人都行动起来，这将是一股巨大的力量，一定能推动我们的祖国向前发展。

"解放了，天亮了……"耳边又响起熟悉的旋律。此时此刻，我想说：董存瑞，你是怀来人民的英雄，更是中国人民的英雄，我们一定会向你学习，为国家繁荣富强、人民幸福安康而不懈奋斗！

（指导教师：张小云）

"锋"华正茂，恰是少年时

——观《少年雷锋》有感

杭州市茅以升实验小学　黄　璞

　　今天，我和妈妈一起观看了电影《少年雷锋》。这部影片讲的是一个生活在旧社会的孩子在艰难困苦中顽强成长，最终成为伟大的共产主义战士的故事。这部电影让我对雷锋叔叔的成长经历有了深刻的了解。

　　雷锋叔叔的童年与我们这代人截然不同，没有欢声笑语，也没有衣食无忧。雷锋，原名雷正兴，1940年出生于湖南长沙的一户贫民家中。他幼年时，父亲遭日本鬼子毒打身亡，哥哥做童工活活累死，随后弟弟饿死，母亲也在绝望中自尽，七岁的雷锋成了孤儿。这一切苦难，对于一个孩子来说是多么沉痛而残酷。失去亲人的小雷锋饥寒交迫，四处流浪。幸运的是，他得到了共产党员彭德茂大叔的收养，这才结束了颠沛流离的生活。直到新中国成立后，在党和人民的关怀下，小雷锋才过上了吃得饱、穿得暖的生活，努力学知识、学本领。在小学毕

业典礼上，雷锋代表同学们上台发言，发出了"为了新中国的
建设而奋斗"的时代豪言。因为经历过苦难，他更加珍惜来之
不易的幸福生活。

"没有共产党，就没有我今天的生活！""'共产党万岁'这
几个字，我要写一辈子！"这是雷锋叔叔的心声。雷锋叔叔对
党和人民充满无限的热爱和忠诚，他深知是共产党给予他新
生，让他成长为有用之材，因此，他一直在用自己的实际行动
表达对党和人民的感激之情。

与雷锋叔叔相比，我们的童年无疑是幸福的。我们生活在
和平的年代，有父母的疼爱，有亲人的陪伴，有老师的教诲，
有同学和朋友的关心。我们无须为生存奔波，也不必为生活的
苦难挣扎。正因为拥有这样幸福的生活，我们更应珍惜当下，
努力学习，用优异的成绩回报所有的关爱。

像我这样的小学生，应该争当活雷锋，为学校和社会贡献
一份力量。给老人让座，随手拾起地上的垃圾，帮同学解答难
题……在家做一个好孩子，在校做一个好学生，在社会做一个
好公民。我们应该像雷锋叔叔那样，无论面对怎样的困境，都
要勇敢地面对生活，用自己的行动影响和改变身边的人。

"如果你是一滴水，你是否滋润了一寸土地？如果你是一
线阳光，你是否照亮了一分黑暗？如果你是一颗粮食，你是否
哺育了有用的生命？如果你是一颗最小的螺丝钉，你是否日夜
坚守在生活的岗位上？"雷锋叔叔离开我们已有六十多年，但

他爱国、爱党、爱人民的奉献精神却在时代的淬炼下越发熠熠生辉。

（指导教师：吴莉红）

观《浴血无名·奔袭》有感

桐庐县科技城未来学校　闻沐欢

"只解沙场为国死，何须马革裹尸还。"

初看《浴血无名·奔袭》。抗美援朝战争时期，一个侦察排受命袭扰美军，为大部队的防御争取时间。面对敌人最猛烈的炮火，侦察排的每一位战士都抱着必死的决心奔袭敌营，这时，我军支援部队快速赶到，成功阻击了美军。死阵地，活战士，他们用血肉谱写了一首无私无畏的歌。

再看《浴血无名·奔袭》。我始终注意着那两位虚岁18岁的小战士。他们互相问对方为什么来当兵。"当英雄!"其中一人回答道。但当另一位小战士英勇牺牲后，他的回答却变成了"保家卫国"。战士们用血肉之躯为我们筑起坚固的堡垒，用生命换来现在的幸福和平。他们把国家利益放在最高处，无论是在战火纷飞的战场，还是在和平安稳的年代。

有这样一位退役军人，他的名字叫童维立，现在是红十字会的工作人员，也是2024年杭州第一例造血干细胞捐献者。他说，从报名的那一刻起，他就时刻准备着。从退役军人到红十字人，他用他的实际行动为人民服务，为素未谋面的血液病患者送去生的希望。退伍不褪色，这也是革命精神的延续。

坚定的信仰总有光。致敬那些无私奉献的英雄，无论什么年代，英雄的光芒终将照亮理想中国。

（指导教师：王洪丹）

红色伤疤

——观《八佰》有感

余姚市新城市小学　毛一尘

　　寒假期间，我观看了电影《八佰》，它讲述的是中国国民革命军陆军88师524团将士坚守上海最后一块阵地四行仓库的抗日故事。

　　故事发生在淞沪会战末期，谢晋元率军400余人（为壮声势，对外号称800人）留守四行仓库，在易守难攻的四行仓库与日军展开激烈的战斗。第一天，日军小队被守军关门打狗，吃了大亏。接着，日军用毒气弹进攻，守军戴上防毒面罩，击退日军。晚上，日军夜袭，对岸民众敲锣打鼓、灯光照射，日军再次被击退。第二天，日军用钢板阵配合攻城车进攻，守军战士毅然绑紧炸药包，从高处跳下，炸毁日军重炮。

　　在抗日精神的感召下，上海租界民众也加入了战斗，冒着敌人的枪林弹雨为守军架设电话线。晚上，童子军杨慧敏泅水送军旗。第三天，谢晋元在四行仓库楼顶升起了军旗。旗帜升起来了，战士们的士气受到了极大的鼓舞。然而这一举动也刺激了日军，在日军军机俯冲扫射军旗时，守军们用手中的机枪和步枪还以颜色。很快，楼顶上鲜血横流，军旗摇摇欲坠，此刻，音乐响起，我用双手紧紧捂住了眼睛。我不敢看，我的心在不住地颤抖，日军在中华大地上肆意虐杀我们的同胞，掠夺我们的土地，我攥紧了颤抖的拳头，愤怒、仇恨、不甘伴随着眼泪夺眶而出。战士们艰难地爬向军旗、竖起军旗的那一刻，我明白人在旗在，旗在魂在，魂在我们中国人的心就不会散。

瞬间，我明白了，为什么我们能生在红旗下、长在春风里。是先辈用他们的鲜血换来红旗飘扬，是先辈用他们的鲜血滋润华夏大地，是先辈用他们的鲜血赢得盛世太平。百年间，中国忍辱负重、奋发图强，终于在经济、科技、军事、文化等各方面创造了世界奇迹。沉睡的巨龙已然醒来，我们不能替先辈原谅过去，但是我们可以谱写出更美的华章，与沉睡在地下的先辈共同欣赏。

（指导教师：胡雪英）

观《八佰》有感

仙居县安洲小学　朱恩彤

　　"国人皆如此，倭寇何敢！"看完电影《八佰》，我肃然起敬。这是自豪流露、肺腑之言！

　　影片情节一波三折，叙事方法别出心裁。前半段围绕端午叙事，在端午牺牲后，又以他的堂弟小湖北为主人公。不同视角，不同体验。端午向往苏州河那边的灯红酒绿，但这边的硝烟让他身负重任，不能不留下；小湖北幻想着大侠骑白马，突出了他作为一个孩子的丰富想象力。连接着两位主人公的，是端午临死时照的相。整部影片逻辑缜密，跌宕起伏。

　　一部好的电影，会让人在看完后久久不能平静，这就是"意难平"。《八佰》就是这样一部电影，其中的每个战士都令我无法忘怀。比如陈树生，当他将遗书交给长官，然后全身捆着炸弹跳下楼，与日寇同归于尽时，我的眼前模糊了。何为英雄？我相信每个人心中都有自己的答案。抗战胜利靠的是什么？是武器精良？是人数众多？不是，是每一个国民的爱国之心，是前线将士的咬牙坚持。

留下名字的烈士不少，无名的更多。在最后一战中，战士们团结一心，破釜沉舟，抱着必死的决心，生死无畏。

在影片中还有两个特殊人物，他们是租界的教授和方记者。教授在自家阳台密切关注对岸的战况，在募捐时，他毫不犹豫地将妻子的金项链捐出，在战士冲桥时，他拿出猎枪，瞄准敌人。而方记者一开始似乎不关心我军安危，只知道提高新闻关注度，但在战士们爱国心的感召下，他在冲桥时放下相机，冒死拿回烈士们的遗物。这两个小人物代表着租界中百姓的态度，他们或许有些麻木，但在战士们大无畏精神的感染下醒了过来，尽自己所能为前线分忧。他们也是英雄，是战士们背后的支撑。

"关于后人会怎样说我们，我们不在乎，只要有人能将这个故事传承下去，让中国的历史流淌即可。"

八百壮士向我们展现了崇高的爱国精神。作为未来中国的希望，让我们将这份意志传承！

观《志愿军：雄兵出击》有感

绍兴市元培小学　金成意

　　"你我生在这个时代，牺牲是一定要付出的代价，你不付，就是儿子付，孙子付。我们这辈人，一身血，两脚泥，还是我们付吧！"

　　最近，我观看了电影《志愿军：雄兵出击》，大为震撼。这部电影生动形象地展现了抗美援朝时期，年轻的志愿军是如何攻坚克难，以少胜多，以弱战强，最终以英雄的气概打赢了这场艰难的战争。

　　在最为惨烈的松骨峰血战中，志愿军誓死不退，以百人之力阻挡美军的重火力进攻，敌方的战机还时不时地进行轰炸，硝烟滚滚，焦土遍地。战士们一个接一个倒下，连长不停地问："还有活着的吗？"我的眼眶不禁湿润了。看电影画面都如此揪心，更何况战士们面对的是真正的战场，流血、受伤、死亡……可怕的火焰袭来，却无人后退。战场上那棵屹立不倒的松树，就好比那些英勇无畏的战士。他们难道不曾畏惧吗？他们难道舍得自己的亲人吗？答案当然是：不！但他们为了后代的幸福，毅然决然地踏上战场，视死如归。

"青山处处埋忠骨，何须马革裹尸还。"千千万万志愿军战士将生命留在了朝鲜，但他们伟大的精神却永远留在我们心中。新时代的我们，站在先辈的肩膀上，看盛世中华，何其有幸！先辈将青春献给了祖国，换来了如今的和平，我们也将把青春镶嵌在国家强盛、民族复兴的相框里，用我辈的奋斗与担当，实现新的中国梦。

（指导教师：郑佩丹）

谁是最可爱的人

——观《志愿军：雄兵出击》有感

绍兴市元培小学　朱轶锴

"雄赳赳，气昂昂，跨过鸭绿江……"

你要写抗美援朝，就不能只写抗美援朝，你要写最可爱的人——中国人民志愿军。你要写鸭绿江畔那坚毅的身影；你要写十九万七千多名英雄儿女献出了宝贵生命；你要写烈士棺椁上那鲜艳的国旗；你要写祖国从未忘记他们，自2014年开始，我国与韩国交接烈士遗骸，让长眠异国的英魂安息；你要写两小时的航程，他们走了七十余载……

在朝鲜战场，没有人退缩。为阻击敌人，他们坚持到生命的最后一刻；他们冒着暴雪疾行数十公里，拼死切断美军的退路……彭德怀司令雄才大略，果断刚毅；司令部参谋李默尹、主席之子毛岸英都在枪林弹雨中拼杀，坚守阵地。正如彭司令所说："牺牲是一定要付出的代价，你不付，就是儿子付，孙子付。我们这辈人，一身血，两脚泥，还是我们付吧！"长枪火炮，击不垮中国人民志愿军的决心！他们背后，是日益强大的中国！

影片中，志愿军用鲜血和生命捍卫了国家和人民的利益，他们的牺牲精神和爱国情怀，激励着一代又一代中国人。

"大雪压青松，青松挺且直。"看哪，纵然寒风凛冽，历经风霜雨雪，松骨岭上那高高的松树依然苍翠而挺拔！英魂埋黄土，赞歌颂千年！

（指导教师：郑佩丹）

中／学／组

红船开天辟地，红日东方升起

——观《红船》有感

清华附中嘉兴学校 杨豫嘉

电影《红船》拨开了历史的云雾，镜头回到1921年。红船在泱泱秀水上悠悠航行，在"中国共产党万岁"的呼声中，革命的火种被点燃，在漫漫黑夜中闪耀。

品影。影片刚开始，是一段黑白的纪录片，它展现了多少年来旧中国所深受的迫害与屈辱，我的心情不由得变得沉重。中国在列强压迫下签下了一系列不平等条约，面对这样的屈辱，以北大学子为代表的先进青年知识分子掀起了轰轰烈烈的五四运动。这场大型游行使电影变得激动人心，高涨的情绪溢于言表。片中这场革命也经历了挫折，北洋政府下令抓捕爱国青年，警棍枪托下，知识青年们的热情被浇灭了，中国的出路似乎一片迷茫。随着影片的深入，一场激动人心的会议正在筹划，一群来自各地的年轻代表齐聚一堂，一切似乎向着好的方向发展。不幸的是，反动势力也在密切关注着共产党人的行动。在反动势力的迫使下，中国共产党第一次全国代表大会最终不得不转移到嘉兴南湖的红船上进行。小小红船承载千钧，播下了中国革命的火种，开启了中国共产党的跨世纪航程。

品人。在那个黑暗的时代，一群革命者想要挽救中国的沦亡。他叫陈独秀，创办《新青年》，以宣扬新思想拯救国人，开展新文化运动。他叫李大钊，传播马克思主义，坚决忠诚于革命，为共产党的成立开辟了思想道路。他叫毛泽东，传播新文化、新思想，向腐朽政府说"不"；他带领湖南驱张团赴北京请愿，向残暴军阀说"不"；面对茫茫黑夜，他提出用革命手段推翻暴政⋯⋯

他们经历重重困难，辗转多地，逐步从共产党早期组织的建立坚持到中国共产党的正式成立。他们面对的是军阀的血腥镇压，却坚定马克思主义信仰。即使层层受阻，但是他们毫不畏惧，勇敢地、顽强地去突破黑暗，奔向光明与希望，将深深陷入淤泥中的、双眼被蒙蔽的中国人民拉出来，开辟了中国革命的一条红色道路。1921年那个夏天的凌晨，嘉兴南湖上的一艘红船上正泛着点点波光。他们是光，是点亮中华民族新征程的希望之光；是打开中国新革命新纲领的创新之光；是点亮红船，让世人铭记的红船之光。

品船。红船是一艘启蒙之船、理想之船、奋斗之船、革命之船和复兴之船。小小红船，不仅代表着百年间的这一光辉瞬间，更是领航中国行稳致远、承载中国强国梦的巍巍巨轮。通过影片，我们不仅了解了中国共产党创立的艰难历程，更是从中读到了中国共产党人的一种伟大精神特质。这是一种开天辟地、敢为人先的首创精神，这是一种坚定理想、百折不挠的奋斗精神，这是一种立党为公、忠诚为民的奉献精神。这就是"红船精神"。重温这段既陌生又熟悉的历史，了解早期中国共产党的不易，充分感受到今天翻天覆地的变化。回眸嘉兴南湖的红船，一叶扁舟承载一个民族崛起的重担。从那里启航，驶向未来的光明和辉煌……

品今。四十年砥砺前行，七十年长歌未央，一百年精神永存。时至今日，在中国共产党的领导下，中国人进步图存、振兴中华。泱泱华夏，从百年前的风中柳絮到今天的亚洲雄狮，离不开中国共产党的初心不改，艰苦奋斗。作为当代青年，我们承载的是中华民族复兴之重任，传承革命精神，吾辈自担当。新中国成立以来，中国共产党坚持敢为人先、百折不挠、立党为公、忠诚为民的精神，继毛泽东思想之后，创立了邓小平理论、"三个代表"重要思想、科学发展观、习近平新时代中国特色社会主义思想等先进理论，带领全国人民进行中国特色社会主义建设，打赢脱贫攻坚战，实现全面建成小康社会的奋斗目标。一百年前，他们登上了那艘红船，一百年后，我们必定走向幸福的道路！

品情。春有盼望和辉煌，夏有火红和热情，秋有金黄和成熟，冬有雪白和宁静，祖国四季皆似锦。长河浩荡，世事万千，纵观九州四海，锦绣山河，华夏儿女亘古不变的是爱国情怀与血脉。而今泱泱中华千古八荒，面对灾难，我们的国家，依然是五岳在上，一切江河依然是滚滚向东，民族的意志永远向前。我们有责任赓续中国精神并担起世界未来的发展重任，因为我们是中华儿女。我们的行动是中国美好未来的先声。

愿以寸心寄华夏，且将岁月赠山河；愿以吾辈之青春，捍卫盛世之中华。红船开天辟地的精神将永远延续，时代的接力棒在我们手中，吾辈应心怀家国、敢于担当，使家国情怀绵延不息，薪火相传，续写十里长安四海清平，春风依旧繁华如斯的新篇章！

（指导教师：沈锋浩）

专家点评

品影，品出了历史的规律，前行的艰难；

品人，品出了人生的榜样；

品船，品出了真理的光芒；

品今，品出了当代青年的理想和力量；

品情，品出了中华文明不断的根、不灭的魂。

五个"品"，让我看到了青春和希望。

（龙平平）

红船·嘉兴

——观《红船》有感

嘉兴南湖实验学校　朱韵筱

小 引

傍晚，天还没有大暗，落日的余晖映得天空晶亮，几朵调皮的云还不肯回家，仍在嬉戏。我轻快地推开门："爷爷，我回来了。"

"优优回来了，快坐。"爷爷苍老而有力的手擦着桌子，笑眯眯地说。

今天的柜子上，东西似乎格外多。其中最吸引我的，是一艘精致、美观的小船。它的色泽似乎和别的船不同，船身上透出鲜亮的暗红光芒来。

我问爷爷："爷爷，这艘船是哪里来的？"

"啊，这是一个做木匠的老朋友送来的。这艘船，不是一般的船哟。"

"不一般？"

"是啊。关于这艘船，还有个特别的故事……"

一

1921年，烟雨蒙蒙的南湖仍然如往常般寂静。碧绿的湖水里，几条小鱼互相嬉戏，荡起几丝难以让人察觉到的涟漪。

王会悟知道，丈夫之所以把统筹代表们开会的内务工作交给她做，是因为多年的共同生活让他看出了她贤惠、专业的素养。代表们开会的食宿、场馆的安排以及大会进行时的安全，这些都是在刀光剑影下难以控制的。

起初她接到这个任务时，心里最先闪过的念头是害怕——万一暴露了……随即她又恢复往常的理智。在这个东方雄狮还未觉醒的年代，聪慧的她早已学会如何生存下去，遇到困难也要硬生生蹚出一条血路来。

她正在为新的开会地点犹豫时，两个亲切的字从她脑海里跳了出来——南湖。对啊，南湖风景优美，湖上僻静，定是个秘密开会的好场所。王会悟定了一条游船。

代表们陆续来了，她看着代表们上了游船，自己才走上去。

又是一年好风景，也许是这花红柳绿不愿打扰热血沸腾的他们。

"马克思主义万岁！共产国际万岁！共产党万岁！中国共

产党万岁！中国万岁！"他们的声音虽轻，却铿锵有力。王会悟站在船头，看着这渔火点点的南湖，一股暖流涌上她的心头。

这是南湖最美丽的一天。

二

听完爷爷的讲述，我才明白——原来在南湖上的那艘小船，就是红船啊。

"是啊，这艘红船流淌着中国共产党最开始的革命血液。中共一大的召开是一件在我们嘉兴南湖发生的惊天动地的大事件。"

妈妈走过来了："别看这小小一艘船，它可是带动中华民族的巍巍巨轮哦。"

"这又是什么？"

红船的旁边，摆着一座迷你型的老式房屋。屋顶上盖着些许稻草，屋子前还有几块砖瓦堆成的灶台。"好怀念啊，这可是我们小时候常住的老房子呢。"妈妈怀旧地端详着这座老房子，思绪也拉回到三十年以前——

妈妈是乡村出来的，那时的乡村，与现在完全不同：土地荒芜，家畜瘦小，空气中到处都是植物腐烂的气味。人们有时连家畜的饲料都供给不了。

在妈妈两岁时，嘉兴正式开始进行撤地建市。老乡们纷纷开始投资新行业，开办了属于自己的企业，打理生意。塑料厂、砖瓦厂的生意最红火，果园的生意也不差。

慢慢地，小草青得发亮，果子红润，蚕也胖得可爱。大家都富裕起来了，纷纷把破败的老房子重建，打造成一个个舒适、温馨的小家。

和妈妈一般大的孩子们自然是最开心不过的了——村里有了第一台电视机。后来，村子里每星期都放一次电影，大家的生活过得惬意又舒坦。

妈妈眼睛中放出怀念的光芒："是改革开放改变了我们的生活环境啊，现在嘉兴的乡村是那么美。"

这就是乡村蝶变吗？我在心里默默畅想着那时乡下人家惬意、美好的日子，傻乎乎地笑了。

三

这十三年来，我与嘉兴一起成长，一同进步。每当我站在窗前，望着夜空中万家灯火犹如繁星一样的景色时，这座城市飞速变化的景象就会像放电影一样在头脑中不自觉地涌现出来。

记得小时候，爸爸带我坐车去大剧院。可我都昏昏沉沉要睡着了，却还没有到达目的地，各种各样的喇叭声、喧哗声回响在我的耳边。现在便捷的高架环绕着嘉兴，高速公路网四通八达，路上的鸣笛、喧闹声也越来越少。

还记得会展广场以前的样子吗？一块由石瓦堆砌成的空地，两边都是低矮而破旧的大楼，公路上的汽车排出的黑烟，总会让人觉得喘不过气来。如今的会展广场，绿树成荫，高楼林立；贸易大楼中，一次次经济交流展现了秀美的嘉兴人文。

中山路原来是这座城市东西向的交通主干道，嘉兴最老的CBD就在这条路上。它曾被称为"浙北第一路"，这里承载着嘉兴人很多难忘的记忆。中山路改造修建竣工后，既解决了拥堵的交通，又造就了一条美食街——江南大厦、电力大楼、邮政大楼、纺织大楼、食品大楼、民丰大厦、丝绸大厦、文华园等建筑如雨后春笋般地相继在路两侧拔地而起。

而当我看见灯火辉煌、霓虹闪烁如仙境般的嘉兴时，我都感到无比自豪，就好像自己真的置身于这一片灯火辉煌中……

尾 声

望向窗外，余晖将尽，鸟儿站在枝头，为阵阵蝉鸣伴奏。外头并不喧嚣，我静静闭上眼——

这是我的城市，我温馨的家，我可爱的嘉兴。

专家点评

一条船，一座城，一个家，几代人，短短几段文字深情生动地展现了家国情怀，把历史与现实、城市与家庭、责任与担当有机地结合起来，给人一种"润物细无声"的美感。（龙平平）

枫牵芳华

——观《红船》有感

青田县伯温中学　叶迪慧

人间四月芳菲尽，枫染层林血未干。

一袭长衫，一把油纸伞，青年的激情澎湃被现实扬翻，在早已白雪皑皑的中国大地上显得格外渺小、无助。枯叶随遇而安，飘悬，停滞，坠落。

"诸路皆走不通了，中国的出路在哪里？中国的前途又在哪里？"

天无绝人之路。红船会议，一个新的革命火种，就这样在风雨如晦的中国大地上点燃。

"赤潮澎湃，晓霞飞动，惊醒了，五千余年的沉梦。"

捡起一片枯叶，摘下漫天星辰。

碾流年，昔日的光辉经典

跨越时间的长河，触摸时代的脉搏，看过往云烟，品峥嵘岁月。透过历史，我得以邂逅若干年前未曾经历的那份感动。

人文初祖，千年前的人民脚印，上下而求索，人类文明的发源，印证了鲁迅笔下的人类第一条开创之路。

秦汉，统一国家的建立与巩固。

三国两晋南北朝，民族交融带来的财富。

唐宋元明清，时代的繁华落幕，多少世人的满腔热血。盛赞严光风骨的宋代名臣范仲淹"先天下之忧而忧，后天下之乐而乐"；怀着"为天地立心，为生民立命"的浩涛远梦，张载"为往圣继绝学，为万世开太平"；"寻寻觅觅，冷冷清清，凄凄惨惨戚戚"的千古才女李清照，"生当作人杰，死亦为鬼雄"，心怀天下，心忧家国。

"冲决历史之桎梏，涤荡历史之积秽。"

转眼入革命，草色没硝烟，血与泪，家与国。

湖心岛边，黑暗中散出的微光，腐败下激昂的斗争，枯萎里火红的枫叶。几十年来，一直停靠着一条画舫，十几名热血青年挤在闷热的船里开会，那天，蝉鸣聒噪，却压抑不住震耳欲聋的心跳声。

1921年，中国共产党成立，革命拉开序幕。

"天下者，我们的天下。国家者，我们的国家。"

"这个时刻，寓意着中国共产党诞生。"

紧握右拳，呼喊声轻微而又不可撼动，一条小船，承载红色的革命寓意，一声宣示，描绘百年大潮行舟。

南湖启航，万里长征，新中国成立，改革开放……百年间，在小红船之上诞生的伟业领导着中华巍然屹立东方。

百年征程波澜壮阔，百年初心历久弥坚，而初心便是这红船。

2017年，党的十九大闭幕仅一周，习近平主席便亲自瞻仰了历史中的红船，微风吹来红枫，百年前的青年与我们相拥。

"上海党的一大会址、嘉兴南湖红船是我们党梦想起航的地方。我们党从这里诞生，从这里出征，从这里走向全国执政。这里是我们党的根脉。"

新年前夕，在2021年贺词中，习近平主席再次提到了这艘红船。

"从上海石库门到嘉兴南湖，一艘小小红船承载着人民的重托、民族的希望，越过急流险滩，穿过惊涛骇浪，成为领航中国行稳致远的巍巍巨轮。"

"一条小船，诞生一个大党。"中国共产党从成立时的五十多名党员到如今九千八百多万名党员，红船上已满载枫叶，满载春秋，乘风破浪会有时，直挂云帆济沧海，每一位，每一片，皆是不可或缺的螺丝钉。

看今朝，苏醒的东方巨龙

红船微微而过，打开窗，是诗意如画的江南。

黄昏，影子慢慢拉长，太阳落在西边低矮的树梢下，枯落的枫叶没了往日的光彩，身边的空气骤然变冷，是彻骨的寒。

生逢其时，和平年代的中国熠熠生辉，阅历了无数典故，望着新闻上的祖国英雄，天边沉沦的斜阳映照，生活在平凡家庭的我们，什么时候也能成为"红船"的一分子？

托尔斯泰说过："最深刻的真理，是最平凡的真理。"

余晖洒满蓝天，报国对于百姓来说似乎触手可及，又空洞无物，也遥不可及。伏案桌前，我在题海沉浮的间隙抬头，走向窗前，那早已荒废的花园中长出了一片新芽，枫树的枯叶落在周围，依稀错落，光影重叠间，那狭小的间隙便是这片芽的全部。

已是晚秋，西风凛冽，芽儿不分时令，不顾环境，在寒风中结伴而行，尽管在世界面前仍是那么渺小，却在平常的日子里撑起一片新的希望。

"红船精神"，普通人也未尝不可。

在地球上，千姿百态的生命竞相展现自己的活力，人生天地之间，若白驹过隙，忽然而已。何必纠结于努力的价值，平凡之星，亦能熠熠生辉，国之强大，更是普通国人用脊梁扛起的。

展未来，抒写时代华章

《人民日报》曾言："青春气贯长虹，勇锐盖过怯弱，进取压倒苟安。'奋斗'这两个字写在每一代中国青年的基因里。"

微风轻轻拂湖光，明月沉沉映心弦，人之短生，犹如石火，迥然而已，一草一木，一桩一件，都树立起了生命的意义。丝绸之路，小康社会，中国已熠熠生辉，位于世界前列，谁能想到，曾经只有十几名热血青年参加的红船会议，建造了现在十四亿中国人的大家。

"停车坐爱枫林晚，霜叶红于二月花。"以中华儿女，重现红船联手，红旗满山，展红枫生命芳华。

（指导教师：杨鲁嘉）

专家点评

中学时代是为一生奠基立向的时代。叶迪慧同学的《枫牵芳华》如一首优美的散文诗，从《红船》到中国共产党的百年伟业，抒发了"枫染层林血未干"的豪迈之情。与许多《红船》观后感不同，作者执着于思索青少年一代的责任，思索自己该怎么行动。于是便有了"'红船精神'，普通人也未尝不可"，"平凡之星，亦能熠熠生辉，国之强大，更是普通国人用脊梁扛起的"等深切感悟。可以说，《枫牵芳华》反映了今日青少年的时代心声。（孙云晓）

一脉相承的"青春"

——观《红船》有感

海宁市第一中学　芮杭奇

　　我，生于浙江海宁一个普通的家庭。我们家与很多家庭一样，四代同堂，一大家子生活和谐、幸福。

　　在有幸观看电影《红船》后，电影中的一幕幕镜头在我脑海中重现，不知为何，会引发我如此多的感触。一日，我走过曾外祖父的窗前，不由得停下了脚步，才悟到一些我与"红"的渊源……

曾外祖父的纪念章

　　白色为底，金色镶嵌其中，两个方形有序相叠，构成了大气的八角星。四个斜角上点缀着祥云，将闪着金光的麦浪包裹其间。最中间是鲜艳的中华人民共和国国旗以及一个大大的"70"，配以如意祥云、万丈光芒，金色、红色、白色相互点缀，相互映衬，形成了一幅绝美的画面。纪念章顶部"庆祝中华人民共和国成立70周年"几个字显得格外引人注目，也向我们诠释了这枚奖章的来历。

是的，这便是曾外祖父最为珍爱的纪念章，是2019年新中国成立70周年之际，由中共中央、国务院、中央军委颁发的纪念章。

曾外祖父是我们家最让人敬重的长辈，今年已93岁高龄，身体康健，精神矍铄，虽满头银发，但看上去比一般的老人年轻许多。在我们家，他的话一言九鼎，没人敢也没人会反驳。在我的印象中，曾外祖父不怎么爱说话，闲来喜欢看报纸、下象棋，他那双算不上大的眼睛里，时常闪烁着不一样的光芒，这在与他年龄相仿的老人中很是少见。

据外公介绍，曾外祖父是在新中国成立之前参加革命工作的。当年，曾外祖父才十几岁，由于战争，他们原本富庶的家庭就这样突然破碎了，他一路逃难，背井离乡来到南方。他参加革命工作后，受了很多苦，才迎来了新中国的成立。后来又经历了一场特殊的"文化大革命"，最终凭借顽强的意志重返工作岗位。像他这样还健在的老同志、老干部，见证了新中国的诞生、成长，这枚纪念章的意义就是一种肯定、一份信任。

2021年，曾祖父又获得一枚"光荣在党50年"纪念章，挂在胸前，整个人也更加精神了。"光荣在党"这几个字深深印入我的脑海，有些朦胧，又有些清晰。

外公的《毛主席语录》

家里后院的小楼里有一间储藏室，里面存放着一些不常用的书本，有的比我的年龄还要大很多，页面已经发黄，一看就知道十分陈旧了。闲来无事，我喜欢到储藏室里淘宝，每次都会有一些意外的惊喜。

一次，我发现一本红色塑料封面的本子。打开一看，虽然书页已经泛黄，但上面的钢笔字依旧清晰可见。

"我们中华民族有同自己的敌人血战到底的气概，有在自力更生的基础上光复旧物的决心，有自立于世界民族之林的能力。"

"世界是你们的，也是我们的，但是归根结底是你们的。你们青年人朝气蓬勃，正在兴旺时期，好像早晨八九点钟的太阳。希望寄托在你们身上。"

……

这是谁的摘录本啊？摘录的这些气势磅礴的话语又是出自哪里？这么多句子摘录着有何用啊？带着满腹疑问，我找到了妈妈。

"孩子，这是你外公的摘录本，上面的每一个句子、每一个字都是他从《毛主席语录》上一笔一画、认认真真誊抄下来的。"妈妈轻轻抚摸着那本册子，笑眯眯地说道，"毛主席博古通今，一生写了很多脍炙人口的诗词，也说过非常经典的话语。那时候没钱买，大家就争相传抄、诵读。我小的时候，你外公常拿着这本手抄本读给我听，我不知道他在讲什么，但认识了'毛主席''中国共产党'等很多字。"

原来如此，我明白了，这本陈旧发黄的本子不一般，那不仅仅是外公的手抄本，更是那一代人美好记忆的载体啊！

"光荣在党"几个字又倏忽在我脑海里闪过，并逐渐清晰起来。

妈妈的优秀党员证书

"你还是优秀共产党员啊！不愧是我的妈妈，厉害！"我在妈妈文件包的奖状堆里发现了一张不一样的奖状，不禁连声赞叹。

原来，加入中国共产党一直是妈妈的夙愿。参加工作不久，她就递交了入党申请，并成为一名光荣的党员教师。工作中，她勤勤恳恳、任劳任怨；生活上，她善良淳朴，一心为他人着想。很多人都羡慕她有寒暑假，只有我知道，她的假期不只属于她自己，更属于她的学校。我印象最深的，是每次我跟着她去学校，叔叔阿姨们总跟我说："你妈怎么总是那么精力充沛啊，好像有使不完的劲儿，干不完的活儿！"我知道，妈妈一直都为自己是一名共产党员而骄傲，但我不知道这是为什么。仅仅是因为多了一个身份？感觉不是。捧着这张"优秀共产党员"的奖状，看着妈妈日益增多的皱纹和白发，我心里感觉沉甸甸的。

这时，眼前不知怎的浮现出曾外祖父纪念章上那几个字——"光荣在党"，我似乎一下子就明白了。

我的笔记本

我有一本笔记本，16开大小，红色的封皮，是妈妈参加党代会时的笔记本。作为16岁的生日礼物，妈妈把它送给了我，扉页上留下一行工整娟秀的笔记：奋斗是青春最亮丽的底色，行动是青年最有效的磨砺。

每当我在习题中沉浮，绞尽脑汁也找不到答案时，每当我心中郁闷，脾气暴躁又无法平息时，每当我感到前路迷惘，没有方向时，我就会打开笔记本，用文字记录彼时的心情。每次看到妈妈留下的话语，我就跟自己说："调整状态，做更好的自己，加油！"

就在一次次与书本对话、与自己对话的过程中，我发现自己慢慢变得冷静从容了，因为我渐渐明白，有一种力量在支撑着我前行。

曾外祖父、外公、母亲，他们用自己的行动定义青春与生命，我也有我的责任与担当，因为我明白：时代各有不同，信念一脉相承。

于是，我不由得加快了脚步！

（指导教师：卜凌燕）

专家点评

　　写熟悉并且感动的事情，是中小学生写作的成功秘诀之一，中学生芮杭奇的《一脉相承的"青春"》一文之所以胜出便得益于此。在《红船》影片的感染之下，他重新认识了曾外祖父、外公、母亲这些身边的共产党员，回忆"红"的渊源对自己潜移默化的影响。他感悟到祖祖辈辈"用自己的行动定义青春与生命，我也有我的责任与担当，因为我明白：时代各有不同，信念一脉相承"。此文之妙在于写出了一代新人成长的心路历程。（孙云晓）

始于红船

——观《红船》有感

嘉兴市新塍镇中学　朱沈汐澜

　　开车驶向南湖，天气微冷，我有些心潮澎湃，思忖着从小听到大的红船历史，不禁心神向往。

　　排队，乘船，上岛，至楼。仰望记忆中频频出现的烟雨楼，内心的喧嚣竟完全消弭了。我凝视着楼身，思绪飘向1921年7月。

　　晚饭后，一栋红砖青瓦的石库门房子内，汇集着13位党的代表，正要继续召开中国共产党第一次全国代表大会，但突然来了一个不速之客，代表们认定是情报泄露了，赶忙转移了开会地点。果然，过了不久，法租界的巡捕们冲进会场，最后一无所获，悻悻而去。

　　而后，嘉兴南湖之上，多出了一条游船……

　　旭日东升，湖心岛，烟雨楼上，几道身着旧灰蓝色中山装的清瘦身影绰约于栏边，悠闲地望着远处。南湖显出一派生气，远处的林木枝叶繁茂，湖面上条条微波反射着透过薄雾射来的阳光，随着湖水流动，竟显现出"星雨"之姿。近处，几棵参天的古木掩映着烟雨楼，枝干顾盼生姿，花朵虽疏但有致，景象一派新鲜美好！几位男士谈笑着，不时用手指向远方，似乎是在为这自然美景而愉悦，但实际上，他们是在勘察环境。

一片僻静的水域中，一艘红船缓缓游荡，一张做工精致的八仙桌安放其中，桌上是一副麻将。11位代表团团围坐着，举行着开天辟地的伟大的会议。太阳高照，隐约透过红船的几扇小窗，仿佛看到他们开始时微蹙起的眉头和轻攥着的拳头。直到暮色四合，他们翕动着鼻翼，却怎么也藏不住嘴角那抹笑意，会议结束！"中国共产党万岁！"这声音，仿佛透过历史，传到我的耳边，低沉却又不失使命感。此时的南湖，天色将晚，细雨如尘的一番模样，暗红的"灯光"弥散如雾，正是从那红船上发出来的。至此，中国共产党诞生了！

历史嬗变，不断播放。1949年10月1日，当年的13人只剩下两人：毛泽东和董必武。最后只剩他们，站在天安门城楼上见证了新中国的诞生……当年的13人，就像13个孤独的沙漠旅客，在干旱缺水、沙尘暴肆虐的沙漠中，没有携带任何武器、任何水源，唯独带着一颗炽热的心，为谋取中国的新生、人民的未来，他们不顾自己的生命安危，前仆后继，舍生忘死。终于，他们从沙漠中走出来了，可是，有多少人走出来了呢？

思绪回到现实，触摸着烟雨楼上古朴的框架，与历史的对话暂时结束，我内心竟有些怅然。微风拂煦，瞩望远方，偶然发现，日月同辉！温暖的余晖和清冷的月光相碰撞，一种名为希冀的感觉由内而发，"我们是共产主义接班人！"脑中闪过一句歌词，是啊，作为新时代的好少年，应不辜负美好的青春时光，敢于拼搏，踔厉奋发，在未来实现自己的理想，实现中华民族的伟大复兴！

离开之时，暮霭中的烟雨楼还隐约可见，是的，无论何时，南湖、烟雨楼、红船都是历史的见证者。我的顿悟，始于这里，而共产党，更是始于这里。

（指导教师：杨磊）

专家点评

始终以"我"的视角统览参观南湖的全过程，联系实际，叙述朴实，很接地气。

有些比喻，若换一换，可能更精准。譬如"当年的13人，就像13个孤独的沙漠旅客"，其实他们并不孤独，他们当时代表着58个党员，也代表着更广泛的有着初步革命觉悟的群众，他们是很有信心的，孤独不应是他们当时的典型情绪。（黄亚洲）

争渡，争渡，乍现一缕红光

——观《红船》有感

桐乡市求是实验中学　潘泽悦

　　游船静静地停在漾开细碎波浪的湖面上，在缥缈的烟雨中模糊了微微耸立的船檐，润湿了发潮的木板，船身小幅度地摇晃着，摇出朦朦胧胧的十几个人的身影。

　　那时的风里夹带着一样的烟雨，船摇着一样的幅度，那时的你望着空蒙的雨幕说，如果信念有颜色，那一定是中国红。

　　只可惜，我只能透过历史的画卷，看到你们坚定的背影立在如画的南湖之上。

扬　帆

　　五四新文化运动时期，你拾起了那束光——马克思主义思想。

　　也许那天艳阳高照，金色的阳光钻过窗前的梧桐树枝叶间隙，越过你略显破败却干净的窗沿，尽数洒在蘸满墨水的笔尖上，在那些雄健的字迹边缘镀上一层金边。你用你粗糙的指腹轻轻摩挲着油印的报刊，不大的眼镜片上折射出足以驱散黑暗的、炽热的光，泛着水光的眼睛里满是坚定，棕黑色瞳孔里映出他们举着横幅游行的身影，听着他们极具穿透力的声音。我想你是笑了，跟初夏的气息一样温柔。

再后来，你听闻上海工人罢工，北洋政府无奈妥协，瞬间有了杜甫当年的"漫卷诗书喜欲狂"，唇边不觉挂上了一丝笑意。会客室传来一阵喧闹，你知道是故友来访探讨马克思主义，随手将报刊搁在一旁，微躬着腰，大步地、豪迈地向外走去。阳光毫无保留地洒落在报刊上，几分暖意驻足在《我的马克思主义观》的大标题上，驻足在你的名字上，静静的，毫无声息的，就像你一贯的模样。

看着光在这片土地上微微发亮，你一时不知是心酸还是欣喜。

起　航

你在北京建立了共产党的早期组织，你说，这束光开始发热了。中共一大的召开你并未参加，但你也听说并不顺利。

你听说，那队让这束光发光发热的人，从上海转移到南湖那艘游船上。那是红船，是中国红的色彩，承载着这片土地的殷切希望。

中共二大随即召开，党的最高纲领和最低纲领被坚定地念出，你握着那束光，心里默默地说，该起航了。

争　渡

你默默地将这束光转交给了另一个人。

北伐战争像是疾风般推动这艘小船，两年多的战争，你们成功推翻了北洋政府。七月甘甜的风掠过林梢，发出动听的声调，同一个季节，我只能翻过历史书上的黑白画像，想象你们大捷时激动的笑颜。

这时，国共对立，像湍急的浪花不断回推轻薄的船身。

重新接过光的你，选择了长征。

没有人能感同身受你们经历的一切，无论是"文人"坐火炉旁不断赞叹的白雪皑皑带来的刺骨的寒意，还是"墨客"斜躺在软椅上歌颂的高山巍峨带来的疲乏与伤口，甚至是"名人"饮酒作乐时提及"出名"前乡下的田埂带来的刺痛和伤感，都没有人理解。但你们就是这么坚持下来了，你捧着那束比先前耀眼许多的光，噙着一抹笑意，看万山红遍，层林尽染，你说这是中国红。

是最明艳最动人的红！

后来你们开始了抗日，在九月的风徐徐吹过的时候，你嗅到了金桂淡淡的香气，你们成功了。

小船驶在平缓的水面上，慢慢靠近对岸。

上 岸

十月，深秋的气息已经很浓郁了，你轻轻地把那束耀眼的光放下，让它照亮大江南北。

新中国成立的这天，你的笑容浸在人民的欢呼声中。你在宣布的前一刻瞄了一眼冉冉升起的红旗。

如果信仰有颜色，将必定是中国红。

74年后的今天，尽管那日激动的喧嚣已经退去，但那束光，从不曾熄灭。

桂花的香气渲染在浓浓的秋意中，红船随水面的波动轻轻摇晃着，晃着晃着，乍现一缕红光。

（指导教师：房胜强）

专家点评

如果信念有颜色，那一定是中国红。作者以写意的手法，像散文诗一般串起百年党史的几个关键节点，以浪漫主义的情怀体悟"红船精神"，传承红色根脉。文章中的"你"既是李大钊、陈独秀、毛泽东等党的创建者，也是中国共产党的集体指代。这种巧妙的人称指代让整个文章行云流水，荡气回肠。（郑重）

造红船
——观《红船》有感

杭州市江城中学　周佳颖

有一天，我向母亲说：

"母亲，我要造一只船。"

母亲莞尔一笑，问我：

"那只船是怎样的？"

我想了想，

我希望那只船有着强大而坚硬的外壳，

你瞧，那些调皮如孩童似的人们又把屋舍当成积木，

水枪中的水换成了红色，游戏似的乱流。

天太黑了，人们总是看不清前方的路。

我想我的船有一副令人称赏的外观，

春日为它染上了红，鲜花挂于铁栏杆，

灰黑的石块反倒成了一抹亮色。

这世间缺少美，

窗外太阳落下，我与它道晚安。

我想船只并不要太大。

太大了容易被闪电劈中，

让我们把船悄悄地造，

然后在一个无雨的晴天载上亿万中国儿女。

把身上的炮点燃，扔上天，爆炸。

把那些天上飞的，地上跑的，大家伙所造的乐曲掩盖，

让船驶向被围起来的白日，

我想那里有已褪色的长夜，

有花，有草，有风缓缓吹过山冈，河流，和旌旗。

"那你想为这船取什么名字呢，我可爱的孩子？"

母亲笑着将我的脸蛋抚摸。

"红船。"我说。

"但红色是战争的颜色，"母亲说，

"你希望这只船染上战争的血迹吗？"

不，我从来不希望，

可我知道，无论过去，未来，这船上的血迹是洗不掉的，

过去的压迫，如今的彷徨，

窗外的火光复燃。

"未来呢？"母亲拉住了我。

我将用红船载着你去往那个未来，

那一定是一个美好的未来。

"是吗?"母亲又笑了。

我也跟着笑了。

于是我缓缓又向后翻了一页史书,

撇捺写尽九百六十万平方公里。

晚安,

我的母亲。

早安,

我的祖国。

专家点评

　　这首诗情感把握得到位,中间没有停顿的结构,气力非凡,特别是那句"于是我缓缓又向后翻了一页史书,撇捺写尽九百六十万平方公里",意象丰富,让人有一定程度的审美体验空间。(海飞)

七秒钟

——观《红船》有感

嘉兴秀湖学校　吴宇佳

我们无言的痛苦太多了，但是一个民族已经站起来了。

——题记

我是一条只有七秒钟记忆的鱼，以时间为题，在滔天的血红浪花之尖聆听历史的震耳欲聋。

"嘀嗒——嘀嗒——嘀嗒——嘀嗒——嘀嗒——嘀嗒——嘀嗒……"

第一秒，深渊。

震耳欲聋的脚步声轰开城门，无数的灰烬散在空中，零星的篝火缥缈于地面。山河破碎，风雨飘摇。恍惚间，我听见了刺刀穿过革命者的胸膛，听见没爹没娘的孩子的号啕，听见子弹射杀无辜的百姓，我不禁流下泪来。从崖边向下望去，是深不见底的渊啊，依稀窥见几滴星光。

第二秒，裂谷。

我看着那个仰外国人鼻息的政府，血脉中的图腾在燃烧，义愤填膺。强盗的逻辑永远不会变，落后就会挨打。哪有不流血的革命？没有愤怒哪来的动力，何来"为中华之崛起而读书"？中华有忧国忧民、追求富强的先辈，夫复何求。总是困顿难行，亦当砥砺前行。

第三秒，长夜。

我听见了他的哽咽："现在只有和这个烂透的社会拼了，拿命跟他们拼了……"我看见他无助又绝望地站在海边。他是光啊，划破长夜的光！可是这夜太黑太漫长，吞噬了那忽隐忽现的光芒，挟裹着时代坠入无尽的悬崖。

第四秒，牢笼。

困在牢笼里的太阳啊，只因他们是这一铁屋里最清醒的人。不在沉默中爆发，就在沉默中死亡。他们一心求死唤醒民众，一语惊醒梦中人。新文化最锋利的剑啊，是思想的撞击和融合。文人亦可勇，笔墨用作刀！

第五秒，骨气。

勠力同行，焉有不兴？中国人觉醒了！从思想觉醒开始！从新文化运动开始，他们以笔而耕，民族的脊梁，人类的号角，落笔万钧，有如雷霆。"铁肩担道义，妙手著文章"，文人自有文人的傲骨，恰同学少年，风华正茂，书生意气，挥斥方遒。民情，民声，胜于一切！

第六秒，血性。

星星之火，散落于中华大地，最终形成燎原之势。星火开始燃烧了！歪脖树与森林的两难抉择，传统和新思想的多样性，碰撞出绚丽的火花。他们都在寻找真理的路上，取其精华，去其糟粕，求同存异。可，想开窗，有时也是需要掀掉屋顶的。

第七秒，曙光。

天，就要亮了。中国的文艺复兴，波澜壮阔，"嘤鸣以求友，敢步将伯之呼"。那些青年才俊在历史实践的洪流中学习和传播思想，铸就宏大而悠远的图景。我们都在路上，朝着奔腾不息的方向！

我不禁感叹啊！在国土沦丧的年代，最终的胜利或许更像是痴人说梦。原来我们今天习以为常的一切，并不是历史的必然。汉奸们想不到今天，而那些成为烈士的英雄们，大约也是想不到的。此时我才明白，原来坚定的信仰是这个意思，原来我一直知道他们的伟大，却依然低估了他们的伟大。捐躯赴国难，视死亦如归。他们没有名字，他们或许会被遗忘。

但他们不后悔被遗忘，他们希望看见的是一个富强民主的中国，而非一个沉浸在过去的痛苦中无法自拔的中国。

我们无言的痛苦是太多了，然而一个民族已经起来。你看见了吗？2008年北京奥运会惊艳五湖四海。十年后的亚运赛场，中华健儿们更加所向披靡。你看见了吗？自第一颗"东方红"卫星升起，中国已可与英美比肩，不必再仰人鼻息！你看见了吗？"北斗"定位系统，"墨子号"量子卫星，自动驾驶汽车……百年后的中华，早已站立起来！

我用七秒讲述了那百年的历史，短暂却浩荡。横亘千古，纵贯八荒，前途似海，来日方长。前路漫漫，愿每一代青年淬时代之火，承中华之光，大鹏展翅，在黎明前高翔！

（指导教师：李冬）

路
——观《红船》有感

嘉兴国际商务区实验中学　谢沂桐

敢问路在何方？路，是人走出来的。

——题记

屈原说"路漫漫其修远兮，吾将上下而求索"；鲁迅说"世上本没有路，走的人多了，也便成了路"；即便是"纵革命路途多艰险"，毛主席"仍用诗歌相伴"。路，都是人走出来的。同理，梦想之路，需要勇气，更需要坚持。世上哪有那么多成功的捷径，只不过是即便经历无数的失败，依然可以用不懈的努力创出一条实现梦想的美好道路罢了。

有一艘红船，承载了开天辟地大事件。

希望·拥抱·革命情

1919年6月11日晚，北京天桥附近的新世界游艺场，出现

"一白帽西服人，上下楼甚频，且其衣服兜中膨满"，此人正是陈独秀。他想在此散发革命传单，以此来"治"人民的心病，从而让他的信仰获得更多的民众支持。他用了两个小时反复寻找合适的地点和机会，最终选择并潜入了顶层五楼天台。他丝毫没有犹豫，大把传单凭空一挥。他的眉眼中透露出一丝担忧，但转瞬即逝，取而代之的是目光中的坚定和希望。一张张传单缓缓飘落，就如同一颗颗希望的种子，被风吹洒在地，生根、发芽，结出希望的果实。陈独秀因此被捕入狱。其间，李大钊及学生们积极营救。3个月后，陈独秀出狱，李大钊来欢迎他，陈独秀穿过人群，跌跌撞撞地挤到他面前，泪水在眼眶里打转，但还是强忍住，他们紧紧拥抱了对方。

谁说革命是无情的，你不见革命者间如水的情谊，清明、澄澈。

南陈北李的友谊就是追求同行。坎坷是伴，磨难也是伴。在充满硝烟的时代，李大钊会冒着生命危险，组织学生营救陈独秀；陈独秀会在出狱后的第一时间，拥抱远在人群最后的李大钊。共同的信仰足以抵抗腥风血雨。在探寻革命的道路上，他们是彼此可以交付后背的人。这就是属于革命年代的情谊。

因为有着无数的同行者，渐渐地，就有了路，于是成了同路者。

会场 · 回头 · 勇担当

红船的故事广为流传，望志路的故事，你知道吗？

1921 年 7 月 23 日晚，上海法租界望志路 106 号一座居民小楼中，中国共产党第一次全国代表大会正在秘密召开。会场虽陈设简朴，然气氛庄重。突然，有一名陌生男子来访，这使得代表们的心都提到了嗓子眼。警觉的马林顿时起了疑心，遂决定安排众人紧急撤离。大家急忙分头离开。果不其然，在代表们撤离之后，租界巡捕房就派来了两辆汽车。凶神恶煞的巡捕们闯入房间，翻箱倒柜地搜查着房间里的物品，因为没有发现有价值的文件，最终只能悻悻离开。会场之后就转移到了嘉兴南湖。

谁说革命是注定牺牲的，你不见革命者肩上如铁的担当，他们的使命是拯救四万万同胞于水深火热之中，不仅仅是自己，而且是一群人，所有人。

红船 · 强音 · 秉初心

在王会悟的建议下，代表们从嘉兴东门的狮子汇渡口登船，最终选取了烟雨楼东南方向两百米处的僻静水域，一边佯装游湖，一边开会。会议从上午 11 时一直持续到下午 6 时，审议通过了中国共产党的第一个纲领和第一个决议，并通过无记名投票的方式选举产生了党的领导机构——中央局。这时，在船头放哨的王会悟发现警察，大家立刻紧张起来，将文件收好，假装打麻将。警报解除后，会议仍继续进行并顺利闭幕。会议结束时，与会代表全体起立，坚定地举起右手，庄严地宣告中国共产党的诞生。他们在湖心的游船上轻声地呼出了时代的最强音："中国万岁！中国共产党万岁！"

湖面依旧平静，可中国革命已悄然翻开了新篇章。中国共产党的成立，宣告一个新的革命火种已在沉沉黑夜的中国大地上点燃起来了。从此，在古老的中国，一个以马克思主义为行动指南的无产阶级政党诞生了。这是开天辟地的大事件。这一大事件，犹如擎起的一把熊熊火炬，给近代饱受战乱、灾难深重的中国人民送来了光明和希望。从此，中国人民谋求民族独立、人民解放和国家富强、人民幸福的斗争就有了主心骨。

从此，中国共产党在中国革命的暴风骤雨中，将如大浪淘沙般接受血与火的考验。不忘初心，方得始终。信仰和旗帜始终是中国共产党人"初心"的首要内涵。

风雨过后，眼前会是鸥翔鱼游的水天一色；走出荆棘，前面就是铺满鲜花的康庄大道；登上山顶，脚下便是积翠如云的空蒙山色。在这个世界上，一星陨落，暗淡不了星空灿烂，一花凋零，荒芜不了整个春天。人生要尽全力度过每一关，不管遇到什么困难不可轻言放弃。只有启程，才会到达理想的目的地；只有拼搏，才会获得辉煌的成功；只有播种，才会有收获；只有追求，才会走稳堂堂正正的人生之路。

只要肯起步，脚下就有路。

——后记

（指导教师：陈启凤）

专家点评

建党历程中的几个不同时空，由"路"的意象加以串联，不仅使事件的叙述显得紧凑，也显出了意涵的深远。

有些文句的语法，可以更为精确，比如"有一艘红船，诞生了开天辟地大事件"，"诞生"改为"承载"，那就更妥。*（黄亚洲）

---

*编者注：此句出现于正文第二段，已经修改。

青春执笔答

——观《红船》有感

嘉善县第一中学　沈房子瑀

　　泱泱华夏，悠悠清音，大写中国，大美河山。谁是破晓领路人？青春执笔者！

——题记

　　中国的美好，青春的美好，在他们永不停歇的相遇的火花里。

　　祖国在前进，如阳若星，是宇宙银河中永不磨灭的璀璨；青春在前进，炙热远大，是风雨红船中永不停歇的坚定；我们在前进，平凡感动，是承前启后中永不言败的热烈。红船驶过，在历史的波涛中划出一道希望的白，我们执笔，为时代蓝图泼洒绚烂的彩，以坚毅的臂膀，答就这份青春的答卷。

矢志不渝燃青春

七月的星光下，南湖的红船指引着热血沸腾的青春脉搏撕开黑暗，托起了东方最耀眼的红日。多年的战火中，年轻战士的鲜血，是美得无与伦比的映山红，染红了山河间最壮美的旗帜——五星红旗。百年的磨砺里，中华儿女的汗水，是搏击风浪的海燕激起的串串珍珠，是神州大厦浸润着的七彩的色泽。

青春恰时来，我与国同在。青春，矢志不渝，气宇轩昂，不负韶华，吾辈执笔写汗青。我们捕捉到大学堂的进步学生，声嘶力竭，在民族的存亡关头振臂呐喊，五四的爱国运动，惊醒世人；我们记录下爱国诗人闻一多的最后一次讲演，南方的街头，在白色恐怖下"宁鸣而死，不默而生"，仁人志士的鲜血，铺就中华救亡之路；我们瞻望着伟大的共产主义，诵读着延年、乔年短暂却又闪光的一生，跟随党的旗帜无怨无悔哪怕镣铐加身，也毫不屈服退缩；我们敬佩着树人先生手执如椽大笔以文字点燃起熊熊火炬，照亮沉沉黑夜，带来好的故事，让无数人民在障目迷茫中窥见国之希望……血脉中涌动的坚毅，骨血中镌刻的果敢，闪烁在眸中的为了信念而奋战到底的目光；沉淀在心底的不容列强欺凌同胞的怀想，铭记在骨髓的想让寰球诸国仰视我巍巍中华的渴望！因民心之所向，黑暗中，年轻的力量发出霹雳亮光，在混沌中划出一道最为光明的弧线，是指引，亦是信念，更是标杆。《新青年》挑起了那年代的重担，驱散了华夏上空的阴雨晦暗，以生命迎来曙光，矢志不渝的心立定潮头，勇担大任。

拼搏实干酬青春

青春恰时来，我与国同在。青春，鸿鹄之志，拼搏实干，不负韶华，吾辈执笔留汗青。在新中国筚路蓝缕的七十年征程中，一代代国之栋梁承前继后，为国之发展终日乾乾。凝目回首，"埋名戈壁数十载"的两弹元勋邓稼先，人民永远忘不了他；"和田野稻谷相伴一生"、解决了世界上人口大国吃饭问题的袁隆平，人民永远尊敬他；"历经近200次失败"后，最终提炼出青蒿素的屠呦呦，人民永远感谢她；"一腔热血融高原"的好干部孔繁森，人民永远怀念他；"在脱贫攻坚第一线倾情投入"的黄文秀，人民永远爱戴她……一幕幕，一件件，中华的好儿女时刻诠释着"知行合一，行胜于言"的实干精神。正是这些千千万万的朴实无华的实干者，才使中华民族日益强盛。当世界仍有战争，当全球仍有饥饿，我大中华早已众志成城，悄然迈上了新的发展征程。一路走来，道阻且长：边境领土争端时时牵动人心，祖国的科技发展备受钳制，国际风云变幻无穷。但这一切，又怎会难住炎黄子孙，那句"我们万众一心"永不过时！新时代的青年不驰于空想，不骛于虚声，不畏于将来。他们脚踏实地，团结一心，拼搏实干，披荆斩棘，与国共历风雨，为国再创辉煌！

继往开来扬青春

青春恰时来，我与国同在。青春，承载国脉，继往开来，不负韶华，吾辈执笔耀汗青。正如习近平总书记所言："时间之河川流不息，每一代青年都有自己的际遇和机缘，都要在自己所处的时代条件下谋划人生、创造历史。""天眼"能探空，"蛟龙"可潜海，"粒子"能索微，"九章"可问鼎……中华民族在实现伟大复兴的创新路上当仁不让，一马当先。浩浩征程中，吾辈之新青年锋芒毕露：满怀抱负的清华学子启动"天格计划"，一揽苍穹数据；"基因剪刀手"杨璐菡理论实践并重，在生命科学领域大放异彩，勇攀高峰；中国速度，势不可挡，医学、民生、经济、交通……诸多领域所向披靡。国之壮大，与青春之征途，在星光灿烂中交织、融汇、绵延。青春，就要逐浪最前沿，以锐意创新的勇气、敢为人先的锐气、蓬勃向上的生气，执笔绘就平凡中的不平凡。青春，在光大民族伟业的长途里，深耕奋斗，继往开来，为成就梦想砥砺前行。

前辈有言："青年人，朝气蓬勃，是早晨八九点钟的太阳。"看！中华的远景早已绘就，只等我们身披炫彩，乘势而上，无畏奋斗，剑指成功。青春与家国，相辅相成，携手向前，在960万平方公里的这方答卷上，一直书写着最是磅礴的诗篇。

（指导教师：李燕娜）

专家点评

　　文章主旨宏大，思路广阔，层次清晰，逻辑融洽。从1921年红船的罗盘一路说开去，贯通史与今，融通家与国，以青年之视野，用青春之话语，生动描绘了一代又一代青年人矢志不渝、寻寻觅觅找到新路，拼搏实干、披荆斩棘开创基业，继往开来、砥砺奋斗光大事业，不断谱写中华民族伟大复兴青春答卷的历程。全文洋溢着青春的气息，有催人奋进之力。谁是破晓领路人？青春执笔者！诚哉斯言。（高长武）

人生百载过，犹是踏浪人

——观《红船》有感

海宁市职业高级中学　赵鑫磊

风雨如晦，鸡鸣不已。既见君子，云胡不喜？

——《诗经》

鲜衣怒马少年时，不负韶华行且知

清风婉瑶影，悠悠浪微兴。粼粼静水荡着悠悠轻波，一丝一缕地向我近了。蒙昽间，我的周围似乎热闹了起来，许多孩童的脚步声、呼唤声、笑声，混作了一团，传到了我的耳膜。声音渐渐清晰，触及间，我缓缓睁开了蒙昽的双眼。

这是一群稚气的少年。

他们的脸上洋溢着欢笑，眼睛闪着光芒。他们好奇地打量着我，胸前的红领巾画出一道绚丽的弧线。真是一群可爱至极的孩子！好像初升的太阳，光芒万丈！

"你好，红船爷爷。"

"你好，可爱的孩子们。"

透过孩子们清澈的目光，我向前望去，百丈高楼平地起，门前车水马龙，好不热闹！一个盛世的中国在我眼前徐徐展开！

在惊喜之余，我不禁回首。中国啊！多少年来，我的心依旧还汹涌着不息的巨浪，是如此蓬勃激烈，又是如此深刻！它终将把我的思绪汇入那岁月洪流，梦忆那峥嵘之年——1921。

百年前，也有这样一群少年。

征战旗鼓，烽火肆虐，革命的号角已然吹响，战争对人民的压迫，谁予平息！谁来反抗！在这水深火热的局势间，终是有人站出来了！他们怀着远大的抱负，因同一个目标而聚集，他们不忍国家受辱、人民受苦，用革命的行动，灌溉这片曾经贫瘠的土地，最终开出艳丽的花，复兴了中华。

碧天如水柳如眉，绿波风动画船移

我本是南湖间最为普通的点缀，也从未想过有一天能够被人们熟知，更不敢相信自己能够成为人民与国家之间的精神纽带。直到1921年，那十三位先驱者踏着热浪而来，映入我心间最深处。我能够深刻地感受到他们坚定的信念与必胜的决心。他们的言谈举止是那般铿锵有力！你看，他们的脸庞，在激烈的争论间，早已把青涩抛去，取而代之的是那不可撼动的魄力与超越年龄的成熟！他们的手在激烈地挥动着，比画着，又似在舞蹈着！那乌黑浓密的发丝间，不时有晶莹的汗珠滑落。革命的薪火在他们心间跳跃着、燃烧着，又从他们的一言一语间溢出，从我的心间，从我的身体间似潮涌般倾泻而出！如此热烈，如此深沉！

1921年的那个夏天，中国共产党诞生了！这一刻，革命的历程、革命的希望与精神都深深地刻在我的心间，也让我与国家紧紧相连！

我似那日傍晚6时的夕阳般被渲染成红色，从此也有了一个响亮的名字——红船！

自信人生二百年，会当水击三千里

时光似风那般匆匆而去，历史的车轮驶向了2023，我已经是一个百岁老人了。

百年来，中国革命的艰辛历程与辉煌成就都深深烙印在我的心间，使我永远地铭记，也让我永远地传承。那些可歌可泣的革命英雄们迈出的每一步都成就了中华民族强大的根基。那些团结一心的人民所汇聚的汗水都化作了滋养根基的力量。那些在战火中保家卫国的战士们洒出的鲜血都谱成了一曲曲爱国的乐章！中国当今的强大离不开我们祖祖辈辈爱国者的艰苦奋斗！

强国，一直以来都是中国人民的使命，更是属于中华少年的使命。千百年来，我力载千钧，不仅仅是历史的沉重，还是勇于探索、不屈不挠、敢为人先、勇往直前的精神！我想讲述的，或者说我更想歌颂的，是那些历史，是那些历史中的人物非凡的精神价值。这便是属于我的使命。

中国啊，母亲！我已深刻地明白，我也深感骄傲。我是昔日筑梦伟大的使者，是激浪勃发的不朽赤影，是十三个有志青年敢为人先、开天辟地的见证，是中国人民艰苦奋斗的体现！多少年来，南湖依旧承载着我，而我也依旧承载着中华儿女的骄傲与自信，承载着中华民族的民族精神与民族希望！你看哪！今朝的少年们，那青春独有的生命力从他们耀着光的眼中溢出。

年少如初，青春依旧，他们也好似当年那般映入我的心间，也好似当年那般感染着我，感动着我！回忆的旋涡再一次将我拢住。我又忆起了，忆起了那段峥嵘拼搏的岁月，忆起了那十几张青涩的面孔，忆起了那四万万中国人民的面孔。他们正笑着向我踏风而来！

我将载着他们的精神、他们的事迹、他们的期望，载着百年来艰苦奋斗的成果驶向新的时代！

后　记

百年征程，红船启梦。红船是中国共产党诞生的起点，是中华民族伟大复兴的起点。它时刻向世人弘扬着开天辟地、敢为人先的首创精神，坚定理想、百折不挠的奋斗精神，立党为公、忠诚为民的奉献精神；也时刻讲述着革命年代那些人物，那些故事，那段历史所存在的意义。这便是红船的灵魂所在，也是其根本使命！风雨变迁，今世繁荣，激浪勃发，红船依旧！回望历史便是展望未来。我们是新时代的掌舵人，我们也应当践行并弘扬"红船精神"，以勇往直前的奋斗姿态去迎接，克服生活中的艰难险阻。赴远万里去，皆是踏浪人！加油，中华儿女们！加油，新时代的青年学子们！

（指导教师：蒋宗颖）

专家点评

文章角度新颖，一改比较常用的观影人、参观者的视角，而从南湖红船这一见证百余年历史沧桑的"岁月老人"的视角，以优美诗意的文字展开描述，从新时代参观红船的朝气蓬勃的少年切入，穿越回百余年前峥嵘岁月、意气风发的建党的那群少年，随着"绿波风动"和历史车轮向前，红船徐徐而行，少年踏浪而进，历史伟业在红色基因代代相传和发扬光大中不断铸就。文章感染力强，读之让读者仿佛觉得自己就是这位百岁已过但依然风华正茂的少年老者。（高长武）

红船驶入少年梦

——观《红船》有感

嘉兴国际商务区实验中学　张　涵

百年征程波澜壮阔，百年初心历久弥坚。一艘红船，见证了伟大的中国共产党的诞生；一艘红船，带领着中华人民走上革命的道路。我怀着无比激动的心情，随着影片镜头的切换、推进与转场，去追寻"红船精神"，去追忆那峥嵘岁月。

跟随镜头，百年以前，山河破碎，战旗飞扬，侵略者扫荡了半壁江山，漫天尘沙染红了晚霞。偌大的中国没有自己革命的火种，如何能让人民抬头？于是，随着陈独秀和李大钊达成"加盟马克思主义"，马克思主义传入中国，共产党也在悄然诞生。与此同时，一心救湘的毛泽东"以卵击石"领导了"驱张运动"，并毅然决定上京请愿，呈现了他在实践道路上走向成熟。就这样，他们组织爱国运动，寻找救国之路，但经历了一系列失败的他们深刻领悟到没有组织就没有力量，没有力量就没有火种，没有火种就没有希望。年轻的代表们在与反动势力的周旋、反抗、斗争中，最终化险为夷，我不禁惊叹这群青年有着何等过人的志向和胆识。

旗举南湖，一叶红船掀波浪；梦追盛世，九州大地正腾龙。片尾，十几位杰出的青年相约在南湖的一艘游船之上。船内，一个前所未有的伟大政党正带领中华民族实行伟大复兴。虽然这群青年来自全国各地，拥有不一样的口音、不一样的习俗、不一样的相貌，但他们却有共同的理想、共同的信念，打算在风里雨里同舟共济。红船漂泊，烟雨蒙蒙，却因中国共产党的建立而发出万丈光芒，如同雨后晴天，阳光普照，映红了南湖和画舫，伴随着"共产党万岁"的呼声，美好的希望冉冉升起。从此，中国的革命迎来了曙光。天空上有一抹红色，那是什么？那是他们付出的心血，那是他们的一种革命精神，那是他们鞠躬尽瘁刻画出的一面真正的红旗！那样的一抹红，将会是那泱泱中华背景上最亮丽而醒目的色彩！

回到影片的标题"红船"，它的含义绝不仅限于百年前这一闪光瞬间。"红船精神"，是开天辟地、敢为人先的首创精神，是坚定理想、百折不挠的奋斗精神，是立党为公、忠诚为民的奉献精神。"红船精神"的可贵，在于一群青年一心建党救国，不论前路是黑夜还是白天，不在乎成功与否，他们始终保持着那份无畏与坚定。这并不是因为他们生来就有高尚的节操与顽强的意志，也不是因为后人的抬举与赞美，而是因为他们克服了一次又一次困难，战胜了自己一个又一个弱点。他们用坚强的意志和不懈的努力，将自己的人生提升到了一定的高度，后人才将其称为伟人。我不由对他们产生了敬佩和赞颂。

相比之下，少年亦是如此。少年气概，是气宇轩昂、大义凛然的豪迈气概，是纵横驰骋、力挽狂澜的男子气概，是勇往直前、临危不惧的英雄气概。而少年气概之所以宝贵，正在于它的不屈不挠，寒风吹不熄，冷雨浇不灭，即便在众生喧嚣中，仍会坚定低语："我生来就是光的火种，注定是要去烧尽黑暗的，去靠近光，追随光，成为光，散发光。"就正如影片中那群青年与反动势力血战到底、斗志昂扬一样。

一双铁肩，一颗义胆，一身正气，任劳任怨替国肃贪；一副柔肠，一腔热血，一片真情，全心全意为民谋利。我一边被先辈的革命事迹与革命精神触动，一边开始自我审视。在百年前风雨飘摇的中国，围坐于一艘小小红船的革命大业初创者们，平均年龄不过二十八岁，他们为中华民族呕尽心血，一心想要扬帆起航，乘风破浪，救国家于水火之中。而今，百年后繁荣昌盛的中国，却有一些中小学生贪图享乐，缺乏斗志，心有懒惰，不思进取，混入浑浑噩噩之流，甚至有应付老师、旷课、辍学等不良行为。思危所以求安，虑退所以能进。我们应该时刻谨记，是先辈们用鲜血换来了这幸福生活，我们不能在安逸中丧失斗志。如今，中国更需要年轻人继承"红船精神"，奋力拼搏，锐意进取，为新时代谱写华章。

忆往昔，卧薪尝胆，艰苦奋斗，壮志激昂谋民利；看今朝，创新争优，科学发展，豪情澎湃扬国威。红船上的先辈们，今天的华夏大地上高铁飞驰，"神舟"飞天，"蛟龙"入海，"嫦娥"奔月，人民有信仰，国家有力量。而作为少年的我们，应该更好地传承"红船精神"，做一名合格的红船少年，少年智则国智，少年富则国富，少年强则国强。我们是国家的希望，民族的未来。这个历史的接力棒已经传递到我们的手中，让我们在"红船精神"的引领下向着灿烂的明天奋勇前进。同时，欣望江山千里秀，欢颂祖国万年春。神州大地繁花似锦，祖国长空乐曲如潮。

妙哉，红船初心，呕心沥血为广大群众之利。

伟哉，民族脊梁，全心全意为水深火热人民之安康。

壮哉，百年大党，铮铮誓言，丰功伟绩，光耀万代，扎根民众，既寿永昌。祝愿祖国繁荣昌盛，向革命先辈们致敬！

（指导教师：杨扬）

千年破冰行，仍恋中国红

——观《红船》有感

海盐县博才中学　盛雅琪

上下五千年，中华文明始终有着璀璨的光辉，渡过了大自然的天灾，也扛住了侵略者的铁蹄，饱受创伤后的涅槃重生，使中国如大鹏般扶摇直上九万里。透过历史的眼眸，我们将带着曾经的百孔千疮，铸就又一篇盛世华章。

他们开天辟地，敢为人先。当北京的第一批学生站起来的时候，中国就开始觉醒了。他们迫切地希望改变这个国家，迫切地希望拯救这个民族，可是迎接他们的却只有无情的枪棍。陈独秀先生也因为撒传单而被捕入狱。

"爱国有罪吗？"

"海压竹枝低复举，风吹山角晦还明。"总需有人成为破晓前的先导，时代赋予他们忠心爱国的情怀，他们便迎着暴风雨吹响一往无前的号角。风雨飘摇，家国欲倒，多少身影深知此行凶多吉少，却仍怀揣着希望，义无反顾地去反抗。

他们坚定理想，百折不挠。他们没有被打倒，而是更加团结，任凭政府再怎么施压，也绝不服软。毛泽东创办了报纸并亲自担任主编，以湖南学生联合会的名义在长沙出版发行，每周一张，叫《湘江评论》。1919 年 8 月，军阀张敬尧怕影响统治，查封了报纸，并发动自己的下属去抓捕毛泽东。有人给毛泽东报信，让他快躲起来。

"我为什么要躲，我躲过去了，我身后的人怎么躲，中国怎么躲？"

在中华民族每一个存亡之秋、危难关头，都有毁家纾难、精忠报国的人挺身而出，都有先忧后乐、心系百姓的人奔走呼号，都有身虽平凡、亦足奋勇的人当职尽责。

他们立党为公，忠诚为民。当他们在红船上召开那次会议的时候，一切就注定了。他们面带微笑，因为他们无所畏惧，不管前方有任何阻碍，他们都不会停下脚步。他们要复兴中华民族，要让中国人民过上好日子。在一声声"中国共产党万岁"和"中国万岁"的口号中，红船缓缓驶向了夕阳。回首往事，我们理应敬畏，没有他们，就没有我们如今的生活。我们也更应学习这种精神，将这份红色传承下去。

看今朝，青年们积极进取，勇于担当。他们为保卫祖国展现出赤诚热血，让人感动。"雪山回荡英雄气，风雪边关写忠诚。"如今戍守边关的将士们，哪一个不是继承了我们先辈们的精神？舍生忘死，先人后己。"桐花万里丹山路，雏凤清于老凤声。"河南暴雨，多少人主动请愿支援前线，迎难而上，因为那都是我们的同胞啊。祖国万里江山无恙，离不开他们的负重前行，没有他们哪来我们现在的太平安康？他们用自己的身躯铸就了坚固的铜墙铁壁，用他们昂扬的精神铸就了绝美的中华篇章。

如果信念有颜色，那一定是中国红。泱泱中华，万古江河，如日之升，如月之恒。吾辈定当铭记先辈之教诲，护山河之安康！

（指导教师：耿丽娟）

红船旭日向风行

——观《红船》有感

桐乡市茅盾中学　金舒韫

太阳高挂天空，似落了泪的信笺上一枚古旧的铜钱。手缓缓伸入口袋，里头是一张崭新的人民币，红得如火；抬头，来来往往的行人眼底漆黑，如燃火的炭，各色雨伞，是标新立异的七彩。一艘江上的船，浸在雨幕里，自一百年前破空而来，箭矢般划过新时代。

一百年前也下过太阳雨，一百年前的船里也坐着人。

1921年的那个夏天，波光粼粼，像铺了一层熔化的金光；金光跳跃，和风醉人，倒有些"直把杭州作汴州"的意味。然而船上的十二个人，他们站起来向远方眺望，看见重重叠叠的山峦，看见身上背负的"三座大山"，看见捆着"四条绳索"的人民。

他们畅谈马克思主义，共同确立党纲，明确了斗争的方向。看见有别的游船过来，他们敛了话语，将麻将掷在桌上，自是一派"热闹"——待别的游船走,"热闹"渐趋平静,再次躲进名为马克思主义的屋子里,于是再猛烈的暴风雨,也灭不掉手中燃烧、翻腾、跳跃的火焰。

常听一句话:"民国是浪漫的时代。"对此,我不以为然——是军阀在自己的领地竖起旗帜的"浪漫",衣不蔽体的百姓卖儿鬻女的"浪漫",还是日本人用刺刀抵着中国人脑袋的"浪漫"?然而这绝对的凄苦之下,不能说绝无希望的存在——诚如闻一多先生所言:"烧破世人的梦,烧沸世人的血——也救出他们的灵魂,也捣破他们的监狱!"十三个人,到四万万人,决不能说没有能力"毁坏那间铁屋"。

"中国革命是从一艘船到万艘船。"渡江战役上,"怒涛翻卷,万船齐发",手中的和心中的火,映红了天边的太阳。

新时代以来,中国特色社会主义不断发展,像一间红砖筑成的房子,上面围绕着白鸽,花园里,紫色的花高洁,白色的花淡雅;这栋房子临湖而建,湖边停着一艘红船。

回过神,恍惚间觉得自己也住在这栋房子里——回头望去,游人如织,金发女郎身着旗袍,蓝眸少年手撑油纸伞,这般景象已屡见不鲜。这不禁让人想起中国古代的盛唐气象,彼时万国来朝,文化远播:遣唐使来求学,别国留学生来考进士,阿倍仲麻吕来做官。

小时候坑坑洼洼的碎石子路,今成漆黑的柏油路;小时候散发着陈腐气息的下水道,今已无声无息,仿佛沉入了历史的河里；小时候……还有多少个小时候呢？又有哪个中国人不是从小时候过来的呢？

雨已经停了。一百年前的人已经不在了，一百年前的故事也已经完结了，只是一百年前的火焰还在燃烧，没有熄灭——熄灭不了。信笺一样的天空上，太阳已经升起来了。

（指导教师：傅艳）

红船赋

——观《红船》有感

桐乡市高级中学　周桢轩

梧桐者，遗虞夏之泽，披吴越之风，六朝花柳，幽恨细传，三吴酒姬，淡春罗裙。其承昭明之文宗，而韵隋唐之洪钟。两宋衣冠，桃李春秋，渔歌今存。

至于外寇窥国之后，是千年未有之大变局也。哀西山之日薄，泣仙山之玉碎。国事累卵，大沽口外，虎踞狼伏，洞开门户。呜呼！何时华夏衣冠可遗后世？疮痍之世，涂炭之灵，何时复有成康文景，抑或贞观开元？

咸阳道上，天道未老，三山海外，东方既白。红日忽升，如金鳞万点，而耀华夏。曙光乍现，阔然有风帆千片。红船之上，希冀尚存，长夜之末，方有流光。凭栏看，此间长著星星火，数今朝，万卷峥嵘时时忆。

百余年来，烽火狼烟，鼙鼓动地，至今犹记。二十八年，当年鏖战，神州陆沉，复归人民。关山苍苍，尽是祖国好河山。江河滔滔，了却当年屈辱事。而今春和景明，惠风和畅，四十年来，风云激荡。同游问，吾辈当何如？吾曰：不负此时，必有鲲鹏时。青梅当年，而今累累可掇。雏凤少时，而今扬扬天地。三年风雨，犹有少年意气，挥斥方遒。几载春秋，只缘荡胸云巅，揽月九天。

今日大定明昌之时，亦不可丧其本心，今之盛世，无求田问舍之思，亦有新火试茶，山间独坐之闲。今时之世，飞将可封，冯唐未老，马之千里者，何苦不遇伯乐？乘长风，破万里浪，良骥奋蹄，适当其时。

何为其然也？是常怀天下为己任也。家国天下，表里山河，是热血殷红而不悔也。

癸卯年八月十九日记。

抒写红色经典感悟，传承红色基因力量

——观《红船》有感

安吉县第二初级中学　王天妤

　　我的太爷爷跟随中国人民解放军从山东一路南下到了浙江，后来有了我的爷爷，再后来我爷爷也参军上战场了。虽然我没见过太爷爷，但是我从小就在爷爷的熏陶下，对中国共产党和人民解放军有了一份特殊的感情。今天我有幸观看了《红船》这部电影，深深地被影片中的故事情节和人物形象打动，更被影片所传递的爱国主义情感感动。

　　《红船》以"红船精神"为纲，主要讲述了一艘小船从嘉兴南湖出发，经历了种种挫折与磨难，最终成长为巨轮，并为祖国繁荣昌盛做出巨大贡献的故事。影片的主角是我们伟大的毛主席。年轻时期的毛爷爷，用他的满腔热血和理想情怀，带领青年人不畏惧困难，攻坚而上。

　　通过影片，我不仅了解了中国共产党创立的艰难历程，更是从中读到了中国共产党人的伟大精神，这是一种开天辟地、敢为人先的首创精神，这是一种坚定理想、百折不挠的奋斗精神，这是一种立党为公、忠诚为民的奉献精神，这就是"红船精神"。

此时，我突然想到了我们学校组织的远足活动，从刚开始同学们对远足活动的抵触，到后来我们整齐出发，再后来我们战胜了自我。我们征服了23公里的路程，我们用脚去丈量那片土地，用汗水、坚持与团结去战胜困难。回想革命时期，多少革命先烈付出自己宝贵的生命，换来今日的和平。而我们这一次的远足与其相比真是微不足道，这点路程在战火纷飞的年代里又算得了什么呢？可能就如同一颗泥丸般渺小吧！想到这，我心里暗暗叮嘱自己，今后，无论遇到什么困难，决不能退缩，要勇敢面对，想尽一切办法解决。

作为新时代少年，我们沐浴着新时代的春风，更要传承"红船精神"，谱写青春华章！让我们用感恩的心抒写红色经典感悟，传承红色基因力量，传递自信乐观、不畏挑战、不惧困难、勇于拼搏的精神！

新学期马上开始了，让我们把"红船精神"放在心里。新的学期、新的起点、新的目标，在学习中一定要把握每分每秒，端正学习态度。乘风破浪、不负韶华，带着梦想付诸行动，勇往直前，无所畏惧！

（指导教师：翁忠言）

青史先烈写，红旗后人擎
——观《建党伟业》有感

杭州市闲林中学　汪子妍

"各国变法无有不流血牺牲者，今中国变法，流血，牺牲，自我辈始。"

——题记

"七尺之躯，已许国，再难许卿"
——乱象纷纭

从1911年10月到1917年7月，短短六年，中国出现了两次帝制回潮，换了三任总统，爆发了四次内战，出现了一批拥兵自重割据地方的军阀。人民生活在风雨飘摇之中。

历史总是在前进的，人的忍耐是有限度的，民族亦是如此。

"平等被无视，自由被蹂躏，博爱精神荡然无存。以先烈无量之鲜血、无量之头颅所换来的'共和'之空名，是可忍，孰不可忍！"当压迫超出了民族的限度时，总是会有那么一些人站出来担当重任，引领这个民族走出黑暗，走向光明。

《庄子·说剑》云："天子之剑，以燕谿石城为锋，齐岱为锷。"共和之剑，则将以宪政为锋，民军为锷。蔡锷看清了袁世凯的野心，看见了人民的水深火热，于是他拿起武器，在云南发动起义。

"外争主权，内惩国贼"
——五四运动

古老的中华大地如同被桎梏束缚的苍龙，亟待"一鼓春雷惊蛰"的苏醒。白色的横幅被那些穿着学生服的人们举过头顶，各色的旗帜飘扬在北京城里，一声声呐喊震天动地，一缕缕青烟在外交官的住所中涌出……

一场中国近代民族觉醒的启蒙运动徐徐拉开了序幕，沉默已久的中国，终于迸发出青春的蓬勃力量。

1919年5月4日，在李大钊、陈独秀的组织下，北京3000多名学生举行游行示威，李大钊带头呐喊"严惩国贼"。邓中夏和匡互生激动地发表演讲。谢绍敏悲愤地写下血书"还我青岛"。方豪大喊："今中国变法，流血、牺牲，自我辈始。"他们是血雨腥风里坚守的铁骨，是跃马扬鞭不倒的旗手，是命运抉择无畏的闯将，是攻坚克难创新的先锋。

一百多年过去了，每当回想到这段峥嵘岁月，任凭时光为它盖上了沧桑，"爱国、进步、民主、科学"的五四精神，依旧流光溢彩、历久而弥新。循火红足迹，经坎坷征程。一代又一代优秀青年紧跟党的步伐，再续辉煌。

"工农大众，就应该是这天下人的主人"
——中共成立

十月革命一声炮响，给中国送来了马克思列宁主义，让苦苦探寻救国救民的中国先进分子看见了曙光。

一个女子站在船头，撑着油纸伞，穿着中国传统的旗袍。那不知是雾是云的湖面上，若隐若现的红船慢慢推开弥漫的雾气。水能载舟，人民就像这一波湖水，似乎填满了画面。而那红船是依附于人民又带领着人民翻腾四海、震荡五岳的革命先驱。继而，一群人唱起《国际歌》，打破了这曼妙的景色，推开了江面的朦胧……历史的传奇展现于这壮美而温存的画面中。

小小红船承载千钧，播下了革命的火种，开启了中国共产党为人民的新天地。回首百年，中国共产党带领中国人民以坚实稳重的姿态、光明磊落的步伐，一步步走向民族独立、国富民强。"征途漫漫，惟有奋斗。"一段征程凝聚一份信念，一份感悟点燃一丝希望。站在时代的峰顶浪尖的我们，也要从中汲取力量。青史先烈写，红旗后人擎。当代青年，定会续写无愧于祖国和人民的时代绝响！

（指导教师：雷鑫）

专家点评

　　这篇文章以《建党伟业》为脉络，通过辛亥革命、五四运动、中共成立三个历史阶段，展现了先烈精神传承。题记与结尾呼应，结构清晰；引用历史人物和事件恰当，语言流畅且富有感染力。但部分内容稍显堆砌，如五四运动段落可深化具体人物事迹的描写，增强情感共鸣。结尾若能结合当代青年具体行动，将历史精神与现实担当衔接得更紧密，文章深度将进一步提升。总体而言，此文以热血文字传递了红色信仰，但需在细节雕琢上再下功夫。（陈宁一）

碧波漾清辉，红船映初心

——观《建党伟业》有感

慈溪实验中学　杨瑞泽

以团结凝聚力量，以奋斗铸就伟业，共同谱写中国式的壮美华章！

——题记

如果说历史即思想史的话，那么《建党伟业》这部电影就是一部民族主义和爱国主义的思想史。电影展现了辛亥革命后中国的社会状态——民主共和与封建帝制，新文化与封建旧文化，社会主义思想与资本主义思想等。然而，无论是复辟帝制，还是军阀割据，都无法让那些先进的知识分子停下追求共和民主的脚步，他们都有对民族团结独立、国家繁荣富强的愿望。影片中有几个镜头给我留下了深刻的印象。

镜头一：

陈独秀先生站在演讲台上，他的手用力地挥舞着，全身的细胞都在呐喊，全身的力量都凝聚在那舞动的手上，那力量如有千钧。他的眼神是深邃的，里面有执着的追求，有无尽的包容，更有破土而出的力量。他的声音是激昂又振奋人心的，从台上传到台下，从近处传向远处……

那些匆匆而来的人，不断壮大听众的队伍，迫不及待地聆听这激动人心的演讲。他们的眼睛是那么闪亮，里面的信念之光，映照出一颗颗热忱的爱国之心。

这声音，这神情，必将穿越时空，从过去传到未来，不断被铭记。

镜头二：

巴黎和谈失败，作为战胜国，北洋政府却要把山东割让给日本。消息传来，群情激愤。五四运动爆发了，那一声声"保卫主权""还我青岛"的呐喊，铿锵有力；那一个倾诉着四万万同胞心声的大写的"冤"字，催人泪下；那一位位不顾安危，寻求公道的青年，令人热血沸腾。

"弱国无外交。"这一刻，我深刻体会到这句话的含义，心沉重得喘不过气来。

镜头三：

烟雨迷蒙的嘉兴南湖上，一艘小船悠悠漂荡。船头的女子撑着油纸伞，安详回眸，幽静唯美。而船舱里此刻却热烈而激荡：中国共产党成立了，毛泽东等12位代表神情激动，铿锵有力的《国际歌》回旋在小小的船舱内，飘荡在幽静的南湖上。

这美好的画面，成了永恒。

百年前，这一艘红船从黎明中驶来，中国革命放射出第一缕绚丽的曙光。从此，中国革命有了正确的方向。一百年征程岁月峥嵘，一百年征程风云变幻。中国共产党带领中国人民从落后、屈辱走向先进、富强，变风雨飘摇的年代为繁荣富强的时代，新中国如浴火重生的凤凰，朝气蓬勃，熠熠生辉。

沧海桑田，神州巨变。新时代的中国，更是举世瞩目。"北斗"指路、"墨子"传信，"神舟"飞天、"蛟龙"探海，"羲和"逐日、"嫦娥"奔月，"祝融"探火、"天和"遨游星辰……中国不断攀登世界科技高峰，我国国防科技事业取得历史性成就。

在中国共产党的领导下，我国已经摘除了"贫困"的帽子，实现了全民温饱自由，人人平等，内心富足。大家团结一心，奋力奔小康，为共同富裕而努力，为国家伟业而奋斗。

民族自信，迎来了文化自信。中国元素尽显国风国潮的意境之美、文化之美、科技之美，让我们身为中国人而骄傲。

我们生在红旗下，长在春风里，沐浴着温暖的阳光，享受着美好的生活。我们所闻所见所思所想皆美好，而这一切，正是无数的革命先辈，用他们的青春与热血换来的。《建党伟业》如一首深沉的歌，回荡在我耳边；如一本厚实的书，展现在我眼前；又如一记倒钩拳，敲击在我的心弦上，令我深深震撼，久久难忘。少年智则国智，少年强则国强。先辈们，你们用鲜血和生命换来了祖国今天的扬眉吐气，我也愿用爱和热情为谱写盛世中华的壮美华章而努力拼搏。

（指导教师：施群）

专家点评

　　整篇文章思路清晰，用语准确，还原了人物生动、场景逼真的影视叙事手法。作者综合知识积累丰富，具有很强的文学表达能力。全文洋溢着爱国爱党的热忱，传递出青少年积极的人生观与价值观。通过镜头一、镜头二这样的叙事方式，简洁明快地阐明了文章的立意与观点。（海飞）

千载华夏文明沧海桑田，
百年建党大业还看今朝
——观看《建党伟业》所思所赋

杭州第四中学下沙校区　杨思远

如花美眷，敌不过似水流年。心若磐石，挡不住过眼云烟。斗转星移间，风雨兼程百年路；轮回沧桑变，砥砺奋进新时代。2021 年注定是不平凡的一年，"建党百年"承载了太多的历史意义。今天的中国，政治上独树一帜，不忘初心；经济上稳扎稳打，领跑世界；文化上底蕴深厚，兼收并蓄；科技上不断创新，引领潮流；军事上不卑不亢，敢于亮剑……今天，感慨于中国共产党的伟大之余，我不禁发问："建党百年究竟代表什么？"于是我和父母一同观看了电影《建党伟业》，又一次回顾了百年伟业的背后那段代代共产党人拼搏奋斗的峥嵘岁月。

若只求精简，历史课本上对这段历史早有总结，"三次革命"足以概括：新民主主义革命让中国实现民族独立、人民解放；社会主义革命让中国确立了社会主义基本制度，建立了比较完整的工业和国民经济体系；改革开放，开创发展了中国特色社会主义道路。

但若真如此，那一个个真实的时间、事件和姓名，还有什么存在的价值？想到这里，我笔尖微颤，写下了属于自己的建党百年赋，也算是个人对中国共产党百岁生日的菲薄贺礼。

泱泱华夏礼乐邦，文明传承渊源长。思炎黄，忆尧舜，开人文之始，兴立德之邦。正是这唯一一片拥有绵延五千年文明不断的土地，在中国共产党成立之前也拥有属于自己的骄傲：文有圣贤孔孟，先哲老庄，行忠孝仁义之道，参天地宇宙之光；武有秦皇汉武，唐宗宋祖，征战南北成一统，恩威并施平四方。无奈封建制度太落后，资本列强争抢侵，雄狮易睡难清醒，五岳摇摇风雨稠，黄河呜咽浪涛去，满目疮痍民心寒，三座大山不根除，文明古国欲化烟。

农民地主皆反抗，民族资本也帮忙，奈何危机太严重，民心不齐更难防。千钧一发时，天佑我中华！十月革命炮声响，马列入华喜若狂。前领五四运动民智启，科学民主斩荆棘，抗争之路定逶迤，新民主革命悄然起！后引南陈北李齐心力，嘉兴南湖渡红船，一大宣言开天地，中共成立划时代！

天地迫，日月催，星火亮神州，燎原势初现，十三勇士顶天地，高擎华夏雄风旗。栉风沐雨坚不催，筚路蓝缕砥砺行。浦江水中雨花石，南昌城外井冈山，烈士血染红旗卷，建军功成曙光见。我们这些伟大的先辈，以"红旗漫卷，长缨在手，血染湘江海川，何时缚住苍龙"的气魄，在漫漫历史长河里用血汗书写了一个又一个令人动容的篇章。万里长征路途中，跨越星辰大海，铁索虽寒云崖暖，四渡赤水过乌江，遵义会议伟人出，东方启明五星耀！看那十四年战倭寇，摒除党派之争，脊梁宁折也不弯，众志成城驱鞑虏，烽火熊熊燃不尽，鬼子被迫返东洋。

贪心不足蛇吞象，反动势力掀内战，三大战役强敌退，渡江定鼎净宇内。宜将剩勇追穷寇，横扫千军席卷狂。十月一日，北京金秋流芳；一九四九，神州新添盛妆。礼炮隆隆彻云阙，红旗猎猎动九天，人民万岁声绕梁，先烈千古泪盈眶。

百废待兴民心归，美帝来袭边境危，在这危急关头，我们伟大领袖毛主席一声令下，抗美援朝军威振，保家卫国豺狼退，板门之约野心裂，龙吟乍起惊世界。积贫积弱浑不怕，众望所归齐心力，一化三改开新路，五四立宪启人大，社会主义旗高挂，坚定阵营不结盟。抓文化，促科学，双百方针立出炉；急经济，强攀比，发展道路出问题。经济受阻又何妨，科技突破前景长，两弹一星告天下，中国将成领头羊！

十年探索艰险，终得涅槃重生；三中全会召开，复兴大业在望。改革进行时，拨乱反正明航道；开放新姿态，面向世界展鹏程！千禧年间促五常首脑首会，十年之后世博会人山人海。更不用说北京奥运福娃闹，嫦娥奔月太空遨，国臻大治民小康，百姓安乐九州昌！

人有悲欢离合，国有旦夕祸福。1998年长江决堤，洪魔肆虐九江暗；零三年非典爆发，病毒蔓延人心惶，2008年汶川地震，天塌地陷山河断……然，多难兴邦，大难面前，方见人间真情。党员冲在前，义无反顾只为救苍生；军民齐心力，团结一致一心保家园；遍地志愿者，无惧生死但求惠他人；举国同抗疫，共克时艰显民心党意。

大小事件早已多如牛毛，理论创新更是层出不穷。先有马列主义为先导，毛泽东思想邓小平理论基础牢，"三个代表"为自强，科学发展求国安；后有十八大开启新时代，长征接力，红船领航，补天填海，继往开来。在以习近平为核心的新一代领导人的不懈努力下，恪守着"为人民谋幸福、为民族谋复兴、为世界谋大同"之信念，唯使命担肩，不负初心，布局四个全面，重树四个自信，创治国理念新篇章；坚持"老虎苍蝇一起打"，反腐肃贪，激扬清廉之风，尚德重法，极立法治之尊。"绿水青山就是金山银山"，滋葆家园绿色；"一带一路"，倡议构建人类命运共同体；更有施策精准扶贫，决胜全面小康，大展军改宏略，迈进科技军强。

何为建党百年？一句"三次革命"足以窥其全貌，洋洒千字骈文难现冰山一角。红船启航，乘风破浪，勇往直前，共创辉煌！百年之间，数万万人民亲眼见证了在党的领导下，中国从历经沧桑到处处康庄，从山河破碎风飘摇到国泰民安传承续。

回首过去，屈辱和欺凌使我们警醒，辉煌和奇迹待我们续写；立足当下，身为腹有诗书气自华而又满腔热血欲报华夏的莘莘学子，我们这些时代新人更应当以仰望星空、脚踏实地的坚定信念刻苦学习课业知识，为未来报效祖国做好准备。作为一名刚刚升入高中的高一学生，我在此也想和大家一起对祖国承诺，岁月积尘，时光流浪，而我赤子之心不变，今日我以祖国为荣，明日祖国定当以我为傲！

建党百年立伟业，且看朝阳初现；时代新人立潮头，笑谈中华无双！

（指导教师：关进禧）

红旗已指先锋路，青史应留正气歌
——观《建党伟业》有感

嘉兴市浙江师范大学附属秀洲实验学校　刘昱斐

"红旗已指先锋路，青史应留正气歌。"金色的阳光透过细密的云层，落在了这一片充满生机的土地上，微微的凉风中，那面鲜艳的红旗散漫地飘扬，似乎是要告诉全世界自己的无限韵味和伟大。时间仿佛定格在这一刻，一切犹如一幅美丽的画卷，耳旁传来洪亮的歌声，使我跟随着旋律，沉静在这一片波澜壮阔里。在电影《建党伟业》结束的那一刻，我遥遥望向了挂在墙角里的一面镜子，我的眼中溢满了晶莹的泪水，混杂着难言的情绪，却似乎能透过那片朦胧看到十三张坚定无比的面孔。

从1911年到1921年，从辛亥革命到中国共产党成立，《建党伟业》带着我们重温了当年血雨腥风中建党的艰辛，感受当年革命先烈为我们今天的美好生活浴血奋战的惊心动魄，让我们从内心深处生出对历史的敬畏、对党的崇敬。

　　我永远无法忘记，我看到五四运动发生时的震撼。学生们穿着或黑或白的衣服，举着用白布做成的旗子，不顾一切地向着卖国贼的住所涌去。他们面无惧色，眼里满是对敌人的仇恨和革命的决心。其中令我印象最深刻的是，一位女学生跪在地面上，手中拿着一块白布，微微泛黄的布上用鲜血写了一个大大的"冤"字。面对检察官的询问，她更是斩钉截铁："冤情太深，检察厅接不了我的状子。我们是为四万万同胞喊冤！"本该是在学院里读书的年纪，社会的动荡却使他们放下课本，高喊口号，振兴中华。那十三位先驱，他们一路奔波到上海开会，被跟踪后来到嘉兴南湖的一艘小船上开会。南湖的水轻轻泛起涟漪，于是在湖上那一艘外观普通的游船里，一个伟大的政党诞生了！"一叶红船，南湖启帆。"她带领全中国人民走向民族独立、国家富强，带领中国人民战胜一个又一个天灾人祸，构建起现在的安宁社会。

　　"浩渺乾坤日月梭，人间盛世乐祥和。"这部影片的背后是真实的民国故事，更是真实的共产党的诞生。看完《建党伟业》后，我终于明白小时候外婆讲的话：那面随风飘扬的红旗，是不计其数的烈士用鲜血染红的；我们现在的安宁，是无数革命先辈用肉体堆积而成的。今天的我们倘若细细回味那些革命英雄的事迹，就会发现他们所有的努力、付出，也不过是为了十二个字：国泰民安，山河无恙，人间皆安。作为新时代的少年，我们必将握紧先辈们的接力棒，继承爱国、无私奉献的精神，为祖国更美好的明天付出辛勤的汗水，以梦为马，不负韶华，以心相印，不负余生，以手相牵，不负青春！

（指导教师：陶英枫）

生逢盛世，当不负盛世

——观《建军大业》有感

杭州市良渚第一中学　程诗涵

让初心薪火相传，把使命永担在肩。

——题记

"故今日之责任，不在他人，而全在我少年。"寒假观看红色电影《建军大业》，我从中解读出了革命的艰辛与青少年的责任与使命。

《建军大业》主要讲述了1927年第一次国内革命战争失败后，中国共产党为挽救革命，于8月1日在江西南昌举行"八一南昌起义"，由此缔造了中国共产党领导下的人民军队。

在那个战火纷飞的年代，革命的成功少不了战争的发生。三河坝战役是全片最催人泪下的篇章。三天，三千人对三万人，是信仰的硬撼。战火连绵，死的死，伤的伤，血染红了江河，脚下的土地早已变了颜色。

　　黄志忠扮演的朱德、白宇扮演的蔡晴川……他们敬的每一个军礼，都令人动容。最后剩下二百人的时候，父子二人，子走父留；兄弟同军，弟去兄留。二百人的断后，留下的是其他人存活的希望，也是民族复兴的希望。

　　朱德对蔡晴川说的那句"要当勇士，不要当烈士"，现在想起，依然令我落泪。最后在三河坝，蔡晴川按下引爆器、朱德带领大家撤离时驻足敬礼的一幕，依旧会令我流泪不止。二百人的断后、奉献与牺牲，展现了革命先烈大无畏的精神。

　　怀着对党的忠诚，来看《建军大业》，那时的中国，没有如今的繁华，有的只是破败的泥土地、千疮百孔的村庄和低矮的灌木。天空是灰蒙蒙的，土地的泥泞、装备的落后、环境的恶劣，却依旧没能阻挡战士们前进的步伐，他们以必胜的信念、顽强的精神，度过了一道又一道坎。那一堵堵承载着历史的墙告诉我，革命的胜利并不是偶然的。

　　我凝视着脚下的土地，思绪万千。也许，在这一片普通的土地上，有着一些不为人知的秘密。这里或许是革命烈士的长眠之地，这里或许是战役的发生之地，这里或许是革命的发源之地。脚下的土地是苍黄的，而它又可以是赤红的，将士们用他们的鲜血染红了这片土地，他们的肉体陨落了，但他们的红色精神永存。战争是恐怖的，但没这红色的恐怖，就不会有今天这样和平的生活。我们必须去珍惜这份幸福，握住这份幸福。

　　无数革命先辈们用自己的牺牲为我们换来了来之不易的和平与幸福。我们生逢盛世，也当担负起保卫国家的使命，不负这盛世年华！

灯火里的中国

——观《建国大业》有感

余姚市低塘初级中学　茅鑫杭

　　一代人有一代人的长征路，旅途艰险，奔赴山海，脚下的路越染越红。我们的目标始终如一，永远是心中那面发光的红旗。时代的画卷在红旗旁展开新章。《建国大业》这部电影将我再次拉回到那个峥嵘岁月。

　　灯火里的中国来之不易。耳边回响着车马的嘶鸣，尘土飞扬，为动荡的年代蒙上昏黄的滤镜。飞机划破天空，在紫禁城的金瓦上投下阴影——这是古老文明和钢铁洪流的碰撞。迂腐的清朝受尽屈辱，列强啃食着它的血肉。民国的建立犹如黑夜中的萤火，但想全部照亮黑夜尚且不易。但在中国这片土地上，自古以来就有埋头苦干的人，有拼命硬干的人，有为民请命的人，有舍身求法的人。只要有他们在，中国的脊梁就不会被列强压垮。多少人用自己的生命当作筹码，换取历史天平的倾斜；多少人为了国家牺牲家庭幸福。"奈何七尺之躯，已许国，再难许卿。"身患重病的蔡锷仍坚持战斗指挥。宋教仁在演讲台上为正义发声，但却被阴沟里的"老鼠"指使暗杀。那些"老鼠"做着当皇帝的美梦，不惜一切代价，将国家利益典当给列强，签下一条条不平等条约。

国家兴亡，匹夫有责。社会各界为之倾力。当在巴黎和会上，列强搬出种种与卖国贼签订的不平等条约，企图再次瓜分中国领土，中国代表没有退让："中国不能失去山东，正如西方不能失去耶路撒冷！"巴黎和会的消息传到国内，学生们振臂而起，掀起一片片爱国浪潮。他们咬破手指，用滚滚热血签下誓言。在"今中国变法，流血，牺牲，自我辈始"的口号中，他们举着正义的旗帜冲进了黑暗的大门，纵使被捕，仍要伸张他们心中的正义。为了胜利，大家拧成一股绳，商人罢市，工人罢工，用自己的方式反抗着，最终在长期奋斗中迎来胜利的那一天。在嘉兴的南湖上，一艘游船在烟雨中徐徐前行。又有谁会想到，在这艘船中，历史性的时刻正在上演，随着《共产党宣言》的朗诵声响起，中国共产党的确立开启了新的时代篇章。

灯火里的中国青春婀娜。如今，山河无恙，国富民强。你见过怎么样的中国？是960万平方公里的辽阔，还是300万平方公里的澎湃？是四季轮转的天地，还是冰与火演奏的乐章？天安门，新中国成立的第一声宣告永远回响，长安街上北京一路前行的脚步历历在目。我们飞上高原，青海是江河的源头，有着大地的过往，这是我所热爱的地方。

日新月异的科技谱写着新时代的华章。矢志创新的中国企业，并不会被外界的压力轻易击倒，打不过我们的只会使我们更加强大。5G智能手机的突破不是终点，我们以顽强的精神面貌不断创新，争取更高。君不见，未来创新美丽前景在波涛汹涌的彼岸频频招手。"可上九天揽月，可下五洋捉鳖"是中国人一直的梦想，正在当代科技工作者手中实现。我们凭借自身实力，以梦为马，在中国载人深潜事业取得突破。"奋斗者"号完成万米海测，这背后是几代科技工作者的执着奉献，他们是走向深海的勇士。"天高地迥，觉宇宙之无穷。"宇宙探索，我们从来没有暂停过。如今的"中国天眼"（FAST）是目前全球最大的、灵敏度最高的射电望远镜。虽身在洼地，但心及深空。穿越光年之外，洞察宇宙前世。随着科技的创新与完善，人民也越来越幸福。自2021年我国脱贫攻坚战取得胜利，人民手中有余粮，衣食无忧，生活富足安康，国泰民安。

灯火里的中国奋斗坚守。无论是袅袅炊烟、小小村路，还是崇山沃野、大江大河，我站着的地方，就是我温暖的祖国。我们作为新时代的接力者，应当学习爱国精神。即使身处不同年代，但爱国的少年心总是相通的——从"僵卧孤村不自哀，尚思为国戍轮台"的赤子之心，到"我和我的祖国，一刻也不能分割"的时代之音。作为新时代青年，我们还需要学习中国精神。中国精神在哪里？中国精神在董存瑞单手擎天发出的呐喊里，中国精神在长津湖畔125尊冰雕里，中国精神在邱少云烈火焚身的沉默里，中国精神在大庆油田响彻天地的口号里，中国精神在雷锋"做一颗永不生锈的螺丝钉"的承诺里，中国精神在一件件白色大褂上，中国精神在一个个太空脚印、一张张月球影像中……

灯火里的中国青春婀娜。山河犹在，国泰民安，愿以吾辈之青春捍卫盛世之中华，吾辈定当铭记历史，不负初心，砥砺前行。

（指导教师：严燕飞）

属于《觉醒年代》的散文诗

桐庐县三合初级中学　陈乔宇

　　脚下是稳重厚实的黄土地，身边是熙熙攘攘的人流和人群走动荡起的黄沙，街头是又一男子被斩首。

　　围观的人手托着馒头，等着救命。街尾是九岁女童和公鸡结婚的游行，吹唢呐的人满怀开心，一跳一跃，唢呐声浑厚明亮，回荡在城门之间。

　　昨夜下了大雨，今早才晴。泥土里那些被埋葬的腐朽都以气体重返地面，血腥的尸臭扑鼻而来，躲不开，任凭这气味肆意腐蚀苍白的生命。

　　这是1908年的北京，是一个流着黄脓、烂着血疮的封建主义、帝国主义、霸权主义的寄生所，活在其中的人们像蜈蚣一般麻木，残酷的统治，生命被压迫，街上闪过形形色色的人，一眼就能从出生望到死亡。

　　《新青年》的一声"巨响"，震碎了袁世凯的春梦，蔡元培带着陈独秀革新北大，新文化运动应运而生，一声婴啼，亘古不散。沉默走向死亡，新生带来希望。

先辈们奋力耕耘，化粪土为生命，化腐朽为神奇，股股清风，吹遍北京城。1917年，枪响；1919年，星星之火，可以燎原。

历史这块告示牌，从来都在警告世人。觉醒，才是破僵的冲锋号。

《觉醒年代》所讲述的就是那个时代的故事。这是一种无与伦比的厚重，是狂奔不息的责任，可以翻江倒海，是一条游龙，在国家、民族危亡之际，责无旁贷。

月光入窗，久不能寐，眉眼低垂，但合上眼却又睡意全无，辗转反侧。正是夏至，蝉鸣不断，空气里有一丝火药的味道。

在梦境的裂隙里，霓虹粉碎，散满天空，远处是山脚与金色麦浪相融，相融之处是一条缝隙，是水汽和山雾连成一片的朦胧，但又很清晰，一条白线横亘，朝远方飞去。我的手里紧握着一只烟斗，那是从冬天的雪地里捡来的，周围是萨克斯的长鸣。那是我的梦想的图腾，那是我的梦想的歌声。

随后，我听见有人在对我呼唤：那些你感受的一切，都应该是你自己亲手创造的，你应该带着满心的欢喜，小心翼翼地为他们命名；你应该抱着敬畏的心，向他们展示你最真实的人；你应该在现在，他们应该在未来，你应该毫无保留地飞奔向他们。

我坐起身，刺眼的光线投射在我的掌心，空落落的，烟斗在不知觉的时候已经遗留在梦里。

我很开心，那天晚上我避开了我的绝望征途，避开了我的僵化征途。我们的时代，必然是由觉醒的人创造的时代，绝不可能是由僵化麻木的人创造的时代！

先烈留下向往光明的眼睛，我们会带上它，像无数的前人一样，带着觉醒的人民，创造觉醒的年代！

自主的而非奴隶的

进步的而非保守的

进取的而非退隐的

世界的而非锁国的

实利的而非虚文的

科学的而非想象的

予所欲涕泣陈词者，惟属望于新鲜活泼之青年，有以自觉而奋斗耳！

（指导教师：方近奂）

专家点评

一篇散发着稚气的散文诗，让我看到了相距100年的两代"00后"觉醒青年心灵的沟通。你正在创作《觉醒年代》的续集，用觉醒的力量和热情去拥抱中华民族的伟大复兴。（龙平平）

心怀山海，眼有星辰

——观《觉醒年代》有感

绍兴市柯岩中学　宋晨阳

臧克家说："有的人活着，他已经死了；有的人死了，他还活着。"

穿过百年的历史长河，拨开刺鼻的重重硝烟，我悄悄打开了那封存已久的历史长卷，拂去尘埃，透过灰蒙蒙的氤氲。虽是枪林弹雨的连天烽火，可在这灰白的世界中出现一束光，将我们捧起，远离这四起的硝烟。

随着那束光，我看见了陈独秀先生创办的《新青年》，打开了被旧思想压抑的"铁笼"，救赎的光打亮了世界。人们挣破了笨重的脚链，离开了铁笼，向着那束光，前行着。

向着那束光前行，我看见了北京。李大钊先生在北京大学的校园里传授进步思想，宣传民主科学精神，垦拓出一方沃土，耕耘出一方天地，好让莘莘学子在这生根发芽，成为新中国的未来。

　　鲁迅先生说过，有时候仍不免呐喊几声，"聊以慰藉那在寂寞里奔驰的猛士，使他不惮于前驱"。在那个充满血腥的年代，有一群真性情的人，他们为了同一个目标奔赴遥远的天际、无边的大海。他们不仅仅是我们课文上的一段段文字，更是一个个心怀山海和星辰的人。"遍地哀鸿满城雪，无非一念救苍生。"抑或他们更相信伟大出自平凡，来自人民。没有人天生是英雄，只是选择了无畏。我们在他们身上也看见了孟子所说的"富贵不能淫，贫贱不能移，威武不能屈"的精神。他们为党的革命事业殚精竭虑，奉献一切。

　　在《觉醒年代》中，光的降临，为中华大地驱逐了无边无际的黑暗，就如顾城所说"黑夜给了我黑色的眼睛，我却用它寻找光明"。余光中先生也说过："下次你路过，人间已无我，但我的国家，依然是五岳向上，一切江河依然是滚滚向东，民族的意志永远向前，向着热腾腾的太阳。"长河流月，星霜荏苒，无数的事成为一缕云烟，消散在历史长河的深处，但是英雄的事迹不会被磨灭，英雄的赤诚尚有余温。

　　"江山代有才人出，各领风骚数百年。"作为新时代的青年，我们要"以吾人之青春，柔化地球之白首"，以此为引，以尘埃之微补益山海，以萤火末光增辉日月。吾辈青年乃是祖国之战士，进而为剑，剑指风云，退而为盾，盾护山河。我们要自强不息，不负先烈，不负韶华。心怀山海，眼有星辰！

巍巍江山，你我脊梁

——观《我的1919》有感

舟山市南海实验学校　董奕佳

五岳峥嵘，海晏河清，历经尧舜秦汉百代传承，于烽火时代浴血守护，如今七十年历久弥新，铸就你我之脊梁、中华民族之傲骨。

1919年，巴黎和会上，牧野之战中周灭商的蔑笑转瞬即逝，列强大使的冷嘲莫名刺骨。古老的东方，早已成为这些饕餮的目标；中国对第一次世界大战的贡献，被他们列强肆意扭曲。中国外交团虽竭力争取却无力回天，留洋学生一腔热血唯有扼腕长叹。

于是乎，雄狮惊醒，病夫站起，顾维钧的铮铮誓言震耳欲聋：

"中国不能失去山东，正如西方不能失去耶路撒冷！"

国难当头，当强我志气，将倾之厦又何惧？曾记否，十九世纪国门被炮火强行打开，烽烟肆虐，荼毒华夏。多少英烈怀一腔报国之志，虽九死其犹未悔，于民族独立的道路上立下丰碑万座。且听"外争国权，内惩国贼"的怒吼，令北洋政府闻之色变，青衿之志，与日月同辉；且听"为中华之崛起而读书"的志向，让万千学子为之一振，报国热血，与天地同往。革命的号角，从这些或质朴或激昂的誓言中，冲天而起，响彻云霄，宛如民族的颂歌，书写自由的篇章。

岁月峥嵘，当强我骨气，人间正道哪可徘徊？宁折不弯的傲骨，撑起风雨飘摇的江山；担起重任的赤子，奔赴九死不悔的使命。谭嗣同，一介书生，我自横刀向天笑；林觉民，本是布衣，毅魂长眠黄花岗。五四的浪潮自北京奔腾而下，抗日的烽火从东北燎原而起。到祖国最需要的地方去！挺起我们的脊梁，铸就我们的盛世。江山胜迹，我辈登临，有作其芒，与国无疆。

逆流而上，当强我底气，中华儿女书新章。强权之下卑躬屈膝的时代荡然无存，巴黎和会外交失败的屈辱已成过去，山河破碎、生灵涂炭的悲剧一去不返，科技封锁、经济打压的时艰终会过去。每个远渡重洋的华人，"你的身后，有一个强大的祖国"——这庄严的承诺已刻入骨髓。恰如中国红的信仰，代代相承，牢刻心间，矢志不渝：

"我骄傲，我是中国人！"

百年倏忽而过，抬头又是曙光万丈。我们青年一代，接过鲜血染就的赤旗，强我志气，不忘先辈们的嘱托，一步步向上走、向前冲，拼出个前程似锦，闯出个民族复兴。

巍巍江山，万里版图，夙夜匪懈，守护百年荣光。

你我脊梁，不惧风霜，筚路蓝缕，振兴民族富强。

（指导教师：许允恒）

万里江山一点红
——观《1921》有感

杭州市余杭文昌高级中学　梁宇皓

　　黑暗，无边无际的黑暗，笼罩着这个世界，看不到尽头，看不到光亮，也看不到希望，身旁的同胞在黑暗中迷茫混乱，而你愿意做那自燃成烬的红烛为众人照明前路吗，即使前路不可揣测，即使忍受巨大痛苦？

　　此时此刻，我站在上海黄浦淮海路的街头，身前古旧的石库门房子巍然矗立。这是旧上海常见的建筑，汇聚了东方民居艺术与西方巴洛克式建筑风格。不远处，黄浦滔滔，东流而过。恍然间，我联想到了一艘战舰——"阿芙乐尔号"巡洋舰。江风轻柔，拂面而过。我的思绪被微风吹散，追忆那个黑暗中浮动血色的年代。1921 年 7 月 23 日，就像一个平常的夜晚，仲夏的晚风沿江吹来，疏解了三伏的暑气。就像一切不平常的事，总是在平常的日子里发生，法国大革命亦然，十月革命亦然。

"山雨欲来风满楼。"

极北的红风，十月的一声炮响，盈满了这座古典风格的建筑。那时那刻，列坐的有大学教授、学者、公知……尽管出身不同、地域不同，连口音也天南海北，但就因为一个共同的信仰不远千里齐聚一堂，他们有一个共同的身份叫马克思主义者。不过很快他们就会有另一个共同的身份，叫中国共产党党员。而今的我们难以想象当年的前辈们如何在这栋房子里高谈阔论，描绘着中国的未来，又是如何引经据典、一笔一画地撰写出一部翔实精当、饱蘸马克思主义思想、深谙中国国情的建党纲领的。我们只知道一群二三十岁的青年在那时此地做出了开天辟地的大事。中国第一面代表民族革命、阶级革命的红旗在此地冉冉升起，飘向四面八方、祖国各地，中国革命的面貌也将从此焕然一新。

沿着京沪铁路向北，这是中国的心脏。如今遍地红旗的首都，百年前则是充满压迫与白色恐怖的北平城，这里是北洋政府的大本营。言论控制，政治压迫，在这里最为严重，但是"哪里有压迫，哪里就有反抗"。在严重的白色恐怖下，却爆发了极大影响中国历史进程的学生游行政治示威活动，这是对北洋政府威权的一种多么有力的讽刺啊。鲁迅说："真的猛士，敢于直面惨淡的人生，敢于正视淋漓的鲜血。"中国的学生们也敢于直面钢枪的子弹，敢于直面军警的棍棒。为了民族大义，为了国家利益，他们甘愿赴死，"拼将十万头颅血，须把乾坤力挽回"。这场运动迫使北洋政府最终拒绝在《凡尔赛和约》上签字。青年有着强大的力量，五四运动后越来越多青年寻找能够拯救国家、拯救民族的道路。而科学的理论往往是当时青年的最佳选择，于是乎，大量的青年主动了解并传播马克思主义。红色的星火渐渐地成为火苗，并终将成为燎原烈火。

黄浦江上的风吹向东南，吹到百里外的南湖。在成立之初便出现危机，仿佛预示着这个党将经历巨大的苦难与曲折。在上海，大会召开的最后一天，会场被租界的巡捕发现。所幸无人员与材料的损失，于是临时党委决定，将大会转移到嘉兴南湖的一条游船之上召开。不知你可曾见过何红舟的画作《启航》。画面中，天色阴沉，而重云中却碎开一道金光，光芒照射在登上红船的人们的脸上。人们虽面色凝重，但仍然有希望的光亮。我想，即使那日天沉如阴也会有着光，而红船上的他们即是黑暗中的那一缕微光。

微光终于照亮了天空，染红了大地，而光芒的绽放需要不断的继承。新时代的青年有自己的征途，我们青年要接过前辈手中的火炬，微光将在我们身上继续绽放。

（指导教师：王静巧）

自由地看见我想看的世界

——观《1921》有感

全华市丽泽中学　吕思翰

　　1921 年 7 月 23 日，中国共产党第一次全国代表大会召开。电影《1921》通过紧张的叙事节奏真实还原了这次秘密会议。

　　全片令我感触最深、不禁热泪盈眶的一幕是一个充满韵味的长镜头。在与青年夜谈时，晚清秀才、老派读书人何叔衡诉说了同乡遭到的不公正待遇，接着他自述了参加革命的理由："我参加革命的理由很简单，就是希望有一天能抬起头，挺直腰杆，我希望能自由地看见我想看的世界。""自由地看见想看的世界"，在如今听起来稀松平常，但这背后有多少智者仁人的辛酸苦楚呢？中国又是熬过了多少历史的劫难、跨过了多少艰难险阻，才在今天获得了平视世界的权利呢？

　　鸦片战争爆发以来，积贫积弱、一盘散沙的中国在列强侵略的铁蹄下受尽屈辱。电影一开场，观众就透过陈独秀的目光窥见半殖民地半封建的中国那落魄的身影——风雨飘摇，山河破碎，有说出"宁与友邦，不予家奴"的昏庸统治者，有一字一句都滴着中华民族儿女鲜血的不平等条约，也有在这国家危亡之际，为了民族振兴、国家独立而抛头颅、洒热血的仁人志士。

让我惊讶的是，他们那么年轻，就承担起了为中国人民谋幸福，为中华民族谋复兴的历史使命。根据资料记载，参与中共一大的13名代表，除了45岁的何叔衡和35岁的董必武，其余人的平均年龄只有23岁。23岁，这是多么风华正茂又略显青涩的年纪。令人惋惜的是，他们中有些年轻、鲜活的生命陨落在了革命事业中，有的人最终没能"自由地看见想看的世界"。

拯救国家，舍我其谁。我们今天能在和平、安定的环境中成长，是因为浴血奋战的先烈们以他们的铮铮铁骨和血肉之躯驱逐了侵略者的铁蹄，铸就了中国抵御外侮的长城。了解红色历史，我们才能更加珍惜当下来之不易的和平，更加激励自身为中华民族伟大复兴而献一份绵薄之力。

电影《1921》中，"一手托着国格，一手托着公理"的陈独秀，"铁肩担道义，妙手著文章"的李大钊，激愤但又无奈地说出"偌大的一个国家，我们连自己的火种都没有"的李达等人，让我们看到了活泼又严肃的新青年，他们对马克思主义真理的信仰、对国家独立和人民解放的追求，还有他们那慷慨激昂的精神和视死如归的觉悟，或许是最能令包括我在内的青少年群体热泪盈眶的。这不禁让我想到十月革命百年之际，俄罗斯启封了来自当年革命青年的信，信中写道："你们这焦躁不安的一代人，也会羡慕我们，因为我们有明确的目标和伟大的未来。"

从1921年到2024年，中国共产党走过了百年芳华，希望现在的我们能够让百年前的青年在1921年所追求的理想继续滚烫，为面临百年未有之大变局的中国实现伟大复兴的中国梦添砖加瓦！

（指导教师：吴湘平）

逐梦正青春，奋进正当时

——观《1921》有感

宁波市海曙区储能学校　徐子睿

　　千秋伟业，百年只是序章，岁月随时代奔进之潮涌翻腾，磨砺少年凌云志。山河荡漾，泱泱华夏，一撇一捺皆脊梁。

　　当银幕再次展开，历史的风云在眼前缓缓铺展，电影《1921》如一幅波澜壮阔的历史画卷，引领我们穿梭回那个烽火连天的年代。1921年的上海，租界林立，局势剑拔弩张。在动荡的时代背景下，一群怀揣着对国家和人民深沉挚爱的青年，聚集一堂，用革命的火种点亮了希望的灯塔，那便是中国共产党的诞生。他们从民族危亡的困境出发，将青春和理想化作救国救民、寻求真理的信念，突破反动势力的监控和追踪，使中国历史进入了新篇章。

　　历史的清风带着倾诉，沉静的江湖载着呐喊。一叶红船乘风破浪，埋下中国共产党的种子，遥记多少爱国有志青年奔走于刀山火海，满怀救国之心。在红船里，全国各地的代表齐聚在这个充满希望的地方，梦想在此起航。在此刻，中国共产党的成立如星星之火，划破暗夜，于荣光中燎遍原野。他们秉着"我死国生，虽死犹荣"的信念，追随着共产主义的光。他们为了心中的信仰，不惜牺牲一切，用行动诠释了什么是忠诚、勇敢和牺牲，这种精神如同一座灯塔，照亮了民族复兴的道路。

仍记五四，旗帜蹁跹，无数学生喊着"外争主权，内惩国贼"的口号走上街头，奏响了振兴中华的前奏。在那深沉暗夜中，那象征着民族觉醒的脚步，踏破了专制独裁。那热血沸腾、坚定不移的决心，是中国美好未来的先声。在那暗淡无光的岁月里，无数青年在奔跑。作为新时代的中学生，我们虽然生活在一个和平的年代，但观看《1921》时，心中依然能感受到那种震撼人心的力量。这不仅仅是对于历史的一种回望，更是一种精神的传承。红色基因，这种深植于我们民族骨髓的力量，告诉我们，无论时代如何变迁，追求理想和信念的勇气与担当永远是我们前进的动力。生活在21世纪的我们，应当传承这宝贵的红色基因。这并不意味着我们要经历同样的苦难和挑战，而是要在自己的生活和学习中，发扬那种不畏艰难、勇于探索和创新的精神。学习上遇到困难不退缩，生活中遇到挫折坚强面对，用实际行动诠释新时代的青年应有的责任感和使命感。

潮涌催人进，风正好扬帆。"人既发扬踔厉矣，则邦国亦以兴起。"走别人未曾尝试过的路，做别人不敢做的决定，敢为人先，突破桎梏，将先辈身上的革命者首创精神发扬光大。

以青春之信仰，筑国之长城。明烛长耀红船处，盛世如画，山海和鸣，岁月未曾平凡，黎明在此奔赴。

（指导教师：钟琳琳）

《辛亥革命》电影观后感

舟山市南海实验学校　赵千涵

　　一幅幅黑白画面伴随着如同耳鸣的背景音乐在眼前闪过，电影拉开序幕……

　　一位手戴镣铐、双脚被铁链枷锁束缚的女子，迈着沉重的步伐，眼里却噙满热泪。她为能以革命者之身殉道、为革命事业献身喜极而泣——她就是秋瑾。即将赴死的她是两个孩子的母亲。在教材上，我曾读过"中流砥柱，力挽狂澜"，也读过"身不得男儿列，心却比男儿烈"，却难以想象她在赴死时的坚决。今天，在边境前线，有巾帼英雄以身报国，将青春之花绽放在寸寸疆土之上；在抗疫一线，有位母亲在出发前用"妈妈要去打怪兽"这样充满童心的方式与孩子告别。

　　电影中有一段镜头，记述了广州起义后那些长眠于黄花岗的烈士生前的画面。这群充满朝气的青年们，衣服里夹着一封封遗书。其中，一位年仅24岁的青年林觉民——一位即将成为父亲的青年，留下了与妻子的诀别信《与妻书》。信中既有对革命事业的赤诚，也有对深爱的人的情真意切。在庚子鼠年的那场没有硝烟的战争中，有一群人在夜色茫茫中离家奔赴抗疫一线，在一身白色防护服下，他们或许是一位父亲、一位母亲、一位儿子、一位女儿。

有人说，红色电影卖的是一份情怀，而我却觉得不只如此，其中的教育意义是不可估量的。《辛亥革命》这部电影让印刷在纸张上的冰冷的文字如炽火灼烧心底，让那些先辈从书中走出来，从笔墨间踏入我们的时代，带来跨越时空之震撼。革命者因信仰而甘死如饴，华侨虽身在海外仍心系故土……影片从不同的角度阐述了革命的意义，可本质都是唯一的：改变命运。革命一定要人的命吗？孙文先生重新定义了革命：死不是革命的目的，革命是为了改变命运，是许多年轻人用生命代价换取让活着的人活得更好。对先辈们来说，革命是超脱生死的信念。他们将最浓郁且复杂的情感与精神，凝练成最简练的语言表达，譬如"舍生取义"这个词。上下五千年，舍生取义的人不知几何？然而设身处地地想一想，这个词里包含了一个人的生命、忠诚、觉悟、决心、无私、无畏和理想，集合了人类一切的美好与伟大，字字千钧。或许在最初，我们难以探其深意，可在电影的叙说之下，我们得以感受到"革命"二字背后的深厚情感和坚定信念。这不只是对革命先辈的赞美、敬佩，更多的是对其精神的传承，以及对当代我们的警示。演绎我们所知道的历史，不单单是对历史的回顾，而是要我们从历史中明白些什么，要从先辈身上汲取些什么，从而反思我们应该怎么做，避免重蹈覆辙。

在时代变革的浩浩荡荡中，作为新一代建设国家的青年，我们肩负着推动变革的责任，我们应该正视历史和责任，肩负起时代的重担，正如鲁迅先生所言："必须敢于正视，这才可望敢想，敢说，敢作，敢当。"

（指导教师：丁嘉凯）

待今从头越

——观《长征》有感

宁波市春晓中学　余颂言

　　从头越，苍山如海，残阳如血。

　　　　　　　　　　　　——毛泽东《忆秦娥·娄山关》

　　这个寒假，我观看了电影《长征》，感触颇多。

　　"今日长缨在手，何时缚住苍龙？"这是毛泽东对于长征中红军翻越最后一座高山——六盘山的感叹。面对敌人如狼似虎的"围剿"，前方的希望如同深海中的孤灯，指引着前行的方向。那些红军战士，坚韧如钢铁，无论前方的希望多么渺茫，无论站在自己身边的人是否一个接着一个地倒下，他们都勇往直前，因为，他们知道，这是在为自己、为那些死去的英魂杀出一条用血染红的生路。于是，跨越二万五千里、耗时两年的长征便轰轰烈烈地开始了。那么，长征是什么呢？我静静地思考着。

我知道了——

长征，是跨越二万五千里的坚韧。坚韧的红军战士，面对一座座终年积雪、风刮如刃的雪山，他们忠心不改，迈着沉重却又坚定的步伐，像一群蓄势待发的雄鹰，破风前行，踏上了白雪皑皑的大地。坚定的步伐，如同一声声如雷的钟声，回荡在大地之上。他们脚踏白雪，头顶苍穹，眼神中的坚毅与希望，似一团灼热的火焰，仿佛要把积雪融化。当他们踏上山顶的那一刻，鲜艳的红旗出现在雪白的山巅，如同一道耀眼的星光，照亮了长征的漫漫征途。

长征，也是跨越二万五千里的顽强。坚强的红军战士，面对一片片暗流涌动、一眼望不到头的草地，他们无所畏惧，带着饥饿却依旧火热的身躯，在一望无际的辽原中，像一棵棵挺拔的松树，矗立着。他们眼中闪烁着对未来的期待和对胜利的渴望，像是细碎的星光。泥泞的草地上，是篝火"噼里啪啦"的响声，缕缕青烟缭绕，火光映照在每一个人的脸上，像是一道骤然亮起的闪电，使在场的人的脸上都出现了一层久违的红润，照得他们的眼睛更加炯炯有神，像一颗颗熠熠生辉的明珠，倒映在了篝火旁浑浊的泥浆水里。篝火迸溅的火星在泥浆水中溅起一圈圈微小的涟漪，后又归于平静。红军战士们待火渐渐熄灭，将一切都收拾好后，又举着火把，深一脚浅一脚地走上了革命的道路。他们谁也没有说话，只剩下如同丝线般均匀的呼吸声，仿佛像怕惊扰了大地似的，一步一步，坚定而又沉着地走着，走着……

　　长征，其实就是"更喜岷山千里雪，三军过后尽开颜"的轻松与喜悦，也是"天若有情天亦老，人间正道是沧桑"的哲理与深思，更是"雄关漫道真如铁，而今迈步从头越"的坚定与豪情。作为正当年少的我们，面对着如血的残阳、如海的苍山，怎能不为之动容？80多年前，毛泽东主席发出"而今迈步从头越"的感慨。而在今天，我们又将"从头越"！

（指导教师：邹莹）

破　晓

——观《红岩》有感

杭州第四中学江东学校　潘安祺

序

一朵红的花

静静地开放

深藏在心中

山河也飘香

妈妈告诉我

红在血液里流淌

无论在哪里

你我颜色都一样

起

我试着破解一道数学难题，但不久就放弃了。心中有些烦躁，想起刚看的电影《红岩》。

闭上眼，一张张面孔如云影般掠过：江姐、许云峰、成岗、余新江……他们的行为无疑是崇高的，然而我并不太理解。"斧头劈翻旧世界，镰刀割断旧乾坤"的时代距离我们太久了。

这些革命英雄为什么能从容就义？为什么能将"小我"融入"大我"呢？我无法理解。

承

一个身影在我的脑海中变得清晰。

刘思扬，他是革命者中一面别样的旗帜。

他与我们是相似的，从小锦衣玉食，受到良好的教育；他与我们又是截然不同的。本可无忧无虑，却偏偏散尽家财，为革命事业劳碌奔波，直至牺牲。在一般人看来，他这样做是毫无意义的。

那么，到底是什么，促使他转变？我冥思苦想。

突然，一道光从书页中射出，将我吸了进去……

我跌入了一片红色的光海中。

下坠，下坠……

"咚"，我摔在坚硬的地上。

一个青年匆匆向我走来："你是谁？为何出现在我家里？"我一看那青年的面孔，立刻什么都明白了。"刘思扬！"我脱口而出。

"我就是。你是？"

"我是一名来自21世纪的中学生，不知为何穿越到了这里。"

从刘思扬惊愕的神情来看，我断定他一个字也没听懂。

"总之……我不是特务！而且，今晚你千万别从那个角门里走出去——你会被抓起来，送进白公馆的。"

"不行，我不能待在这个安乐窝里。"他面色一沉，"我要去找党组织，我要为革命事业奉献自己的力量！"

"我不明白，"我摇着头，"你放着安稳日子不过，为什么要散尽家财，为这场与你毫不相干的革命劳碌奔波？"

"因为我的信仰是共产主义！"

"信仰？共产主义？那不过是空话而已！"

"不是！"

"那你说，你这个富家出身的知识分子，为什么要搞政治？"

"在大学里，我学过各种政治学说，直到我接触到了马克思列宁主义——这才是真理！只有无产阶级才是最有前途的革命阶级，只有它才能给全人类带来彻底解放和世界大同！你以为这是空话？绝对不是！我们这些不同阶层的人，因相同的信仰汇聚，在信仰的引领下，我们组织了很多起义和工人运动。到那时，有吃有穿的就不只是富家子弟，而是全中国的人民！"

"我所做的一切，是为了让大多数人能够过上好日子。这便是我的信仰，也是千千万万共产党人的信仰！"刘思扬双手握拳，言语抑扬顿挫，掷地有声。

他的话，我虽没有完全听懂，但一种深深的敬仰之情已涌上我的心头。

"对了，"他转过脸来，"你刚说……你来自未来……我想知道，你的那个年代，是怎么样的？"

"那个盛世如你们所愿。一切都好……"我的喉咙有些哽咽，"中国是和平的，没有战乱。中国全面建成小康社会……意思是近乎大同。"

"好！"他笑了，"这么说，我们的信仰实现了……"

那一刻，刘思扬眼中的光芒如此清亮。很久之后，我依然无比清晰地记得。

"你今晚仍要出走吗？你会经历许多磨难！直至……牺牲。你真的不怕死吗？"

他似是没听见我的劝阻。"我遵循了我的信仰，做了我该做的事，死有何惧！为了免除下一代的苦难……我们愿意把这牢底坐穿！"

我耳畔又响起了敌人与刘思扬的对话："路只有两条：一

条登报悔过自新，你立刻恢复自由；一条长期监禁，玉石俱焚！你想坐一辈子牢？"

"不，到你们灭亡那天为止！"

东方的地平线上，渐渐透出一派红光，闪烁在碧绿的嘉陵江上。湛蓝的天空，万里无云，绚丽的朝霞，放射出万道光芒……

晨星闪闪，迎接黎明。

天将破晓。

转

再一睁眼。我还是坐在教室里。

细细思索。其实，刘思扬还有一部分话未说出。

他虽然喜欢读书，但读书不等于革命。他实际走过的是一条迂回曲折的路——在那动荡的年代里，如果没有救亡运动的洗礼，如果没有许许多多火热的考验和锻炼，更主要的，如果没有信仰的引导和党的帮助，他将和其他的仅有爱国热情的知识分子一样，难以背叛自己出身的阶级，而为人类最伟大的信仰献身。

信仰，这便是一切问题的答案。

我忆起《钢铁是怎样炼成的》："知道为什么而死，问题就不同了。知道了，就有力量。真理在你的那一边，你就会死得从容，英雄的行为就是这样产生的。"

所以，要理解《红岩》中的英雄为何能英勇就义，为何能将"小我"融入"大我"，就必须先理解他们的信仰。理解他们不只是为自己，更是为了大多数人的幸福而奋斗。只有实现大多数人的解放，个人真正的解放才可能实现！

合

岁月悠长，山河已无恙。硝烟散尽，尽是曙光。

那么，当今年代，我们的信仰，应该是什么？我想起刚才做数学题，只尝试了一次便立刻放弃；想起体育课跑八百米，我总是半途而废……连这点困难都无法逾越，谈何信仰？

人都是有信仰的，它不是我们平日里高喊的口号，不是挂在朋友圈的签名。它，将贯穿我们一生的灵魂。周恩来说："少年当为中华之崛起而读书！"我的信仰，便是"为了实现中国梦而读书"。我们当勇敢地面对社会责任，所以，作为祖国明天的我们，应认真落实课内任务，扎实学习，为有一天实现自身价值，努力充电！青春应志上九霄，年少当砥砺前行。心中有了如光的信仰，何惧学习的荆棘之路！道阻且长，以吾辈之青春，铸盛世之中华。

敬爱的红岩英雄们：谢谢你们为时代留下浓墨重彩的青年足迹，我辈将勇往直前，替你们，守护这片炽热的土地！我们会珍惜这金色的青春，继承你们的遗志，在这片和平安逸中，奋斗学习，以国为信仰，手捧书卷，追梦逐光，熔铸我们新时代少年人信仰的力量！

再度翻开作业本，题目依旧很难，但我已有了攻克它们的决心。手中的笔顿时醒了醒，继续风雨兼程。初秋总是温柔，连课间吹过窗口的风，都会温柔地抚平书本上的褶皱，我仿佛看见先烈们的笑容……

尾

如果没有人幻想明天花儿会开放，

就不会有人拼尽全力播种下希望。

如果没有人相信明天繁花似海洋，

就不会有人跟随跋涉百年的茫茫。

回首望路遥遥，

多少行囊没了主人。

抬头看路漫漫，

红色的星芒依旧耀前方。

抬头看路漫漫，

信仰依然在召唤。

奔跑，在幻梦的窄巷，

寻找，那如光的力量，

追随着不变的信仰，

如花般的青春时光。

无所畏将来是怎样，

只因我选择了远方。

没有信仰何必远方。

即使已满身创伤，

没有信仰何必远方。

现实虽变迁了模样，

确定心所向往的方向。

燃烧吧，心中的太阳。

天将破晓，

何惧道阻且长。

点亮信仰的灯火

——观《风声》有感

杭州市美术职业学校　曾佳怡

五星红旗冉冉升起，承载了太多信仰……

历史的硝烟已散去，但决不允许淡忘……

时代的脚步向前迈，吾辈应展精气神……

高高飘扬的红旗迎风招展，我曾好奇过，为什么国旗是红色的？后来有人告诉我，光鲜亮丽的红是由战士们的鲜血染成的。

麦家老师的《风声》，也正印证了这一说法。基辛格曾说："中国总是被他们最勇敢的人保护得很好。"这些先辈们用鲜血为中国铺了一条路，那令人敬畏的勇敢背后，是坚不可摧的信仰。想到这些，我的内心便久久不能平复。

我的眼前仿佛再次浮现了那个画面：遭受铁锤酷刑却依旧神情坚毅的顾晓梦。

面对毫无人性的拷打逼问，顾晓梦始终沉着机变地掩饰身份。这份坦然镇定的背后，是她心怀大爱，"虽九死其犹未悔"的信仰。当冰冷的铁锤猛地砸在她身上，鲜血从她的皮肉里喷涌而出，浸红了衣襟。面色苍白、血迹斑斑，这样的身形面貌对于一个女人而言是多么痛苦绝望。凉风拍打着窗户想要挤进来，深夜的漆黑像是一位死神，裹挟着一股令人惶恐不安的气息。然而，死亡对于一个革命者而言，不过是一个无用的威胁。在生命垂危之际，她用尽所剩无几的力气，毫不畏惧地直面凶神恶煞的肥原。她的气势和神情，完美掩藏了"老鬼"的身份，也令敌方都为之动容。

列宁同志曾说："忘记过去，就意味着背叛。"是啊，革命先辈的英勇献身我们怎敢淡忘？他们为信仰奋斗的一生，该是我们铭记永远的历史。

面对民族存亡的关键时刻，顾晓梦饮毒自尽，只为换取那万分之一的机会。这份奋不顾身的背后，是她无畏生死，"留取丹心照汗青"的信仰。肥原狡诈的骗局从未停止，顾晓梦随时都可能掉入敌人的陷阱。时间的齿轮无情地转动，危在旦夕的中国不断提醒着顾晓梦：她必须做出最后的抉择。在肥原认定这场"狼人杀"快要结束之时，顾晓梦决心服下毒药，提笔留下三封暗藏玄机的遗书，给共产党留下了一丝生机。这一刻，她的人生虽然被画上了句号，但她的灵魂将永远扎根在中国的土地上，留存在我们的心中。

有的人死了，却还活着。像顾晓梦这样为信仰而献身的千千万万个革命先辈，值得我们肃然起敬，将他们的精神牢刻在血骨之中。

21世纪的我们，生长在红旗下，沐浴在春风里。目之所及，是红日初升，其道大光；是河出伏流，一泻千里；是河清海晏，时和岁丰。可又有多少人记得，如今的山河无恙，是多少革命先辈用鲜血换来的！历史书上的简单一笔，颂词中的简单一句，是他们用一生为信仰而战留下的痕迹。

所幸，在如今的中国，这样勇敢的中国人不计其数。无论是耄耋之年亲赴武汉，与病毒殊死搏斗的钟南山院士，还是面对犀利提问，淡定从容、坚定回击的华春莹女士，他们为信仰而战的模样熠熠生辉，是先辈精神最好的见证。

克莱尔说过："人是为了某种信仰而活着。"信仰是吾辈青年的精神脊梁，让青春之舟在大海上找到航行的方向，让民族在浩瀚的宇宙中屹然挺立。然而，或许是历史的硝烟早已消散，时代的更迭过于迅速，有些人逐渐淡忘了烈士的鲜血，遗忘了墓碑上的姓名，仿佛一切享受都是理所当然。这是信仰缺失的警钟，更是时代的悲哀。人无信仰，正如树无根茎，难以茂盛。青年作为时代最醒目的标志，手持时代的火炬，更应在奋进新征程中点亮信仰之灯，砥砺前行。

萨特说："世界上有两样东西亘古不变，一是高悬在我们头顶上的日月星辰，一是深藏于我们心中的高贵信仰。"不论世界多难，前路多险，只要坚守心中的信仰，便能踏过泥泞，斩断荆棘，拥有舍生取义的勇气。

鲜艳的五星红旗在高空中飘扬，它以最醒目的红色时刻提醒着我，不能忘记洒下的鲜血，还有脚下的土地。

（指导教师：张卓姝）

硝烟散尽忆当年，警钟长鸣思当下

——观《大决战》有感

慈溪实验中学　邹欣倚

眼前，是波涛汹涌的长江，携着泥沙，卷起层层浪花，打在江岸边，发出震耳欲聋的回声。呼啸的风，卷杂着潮湿的气息吹在我的脸上。我抚着古城墙上一道道凹凸不平的弹孔，正如抚着心中的波涛汹涌。

我的脑海里回想起电影《大决战》的画面，回溯时光的脚步，一卷卷胶片里那烽火连天的战场、冲锋陷阵的战士、汹涌澎湃的长江，如今终于与现实重叠。耳边依旧是涛声不平，风儿挟着我的思绪，吹向了历史深处……

一把光的利剑，撕开了敌人虚伪的面目，点燃了人民解放战争的烽火。国民党反动派企图营造和平假象，将破坏和平的罪名强加于中国共产党之上。但真理的光辉永远不会被阴云遮挡！

看，人民战争的烽火一旦燃烧起来，就必将吞噬一切黑暗。真理必将战胜强权！

听，远处，那窸窸窣窣的响声，是微小的火苗在跳跃，可正是这一簇簇火苗汇成了火把，照亮了中国人民解放军冲锋的道路。人民是光，人民是火把，人民是希望！解放区里，妇女用针线缝出一双双布鞋、一床床棉被；汗水流过农民的额头，在日光下熠熠生辉，丰收的粮食不断运往前线；淮海战场上，人民用小车运载着军事物资送往前线；炮火间隙，是人民冒着牺牲的风险，也要将战场上那些素不相识的、流着血倒下的战士拉回后方。

没有一座山不是由千百寸土筑成的，没有一片海不是由千万滴水汇成的。星星之火，亦可燎原。

眼前，依旧是长江，1949 年的长江！江面风平浪静，我军整装待发，千百艘船在寂静的黑夜趁着劲风，在宽阔的江面上斩浪前行，直捣黄龙。刹那间，枪炮声四起，敲碎了国民党反动派的美梦，他们慌慌张张地起身，只看见本以为固若金汤的长江防线被彻底摧毁。炮火划破了黑夜，照亮了江面。无数战士端起枪炮，在嘹亮的冲锋声中，冒着炮火不顾一切冲向反动派的老巢，一颗颗手榴弹向敌人砸去。血，染红了长江，却带来了黎明！

思绪回笼，身边的长江最终归于平静，流向远方。我仔细端详这座古老的城墙，数百年的风磨平了它原有的痕迹，却吹不平身上一个个弹孔。古城的周边，是一座座高楼大厦拔地而起，汽车飞驰在整洁的街道上，夜晚灯火璀璨，百家祥和。和平的鸽子在碧蓝的天空中重新展开翅膀，岁月静好。

但每年城中九月十八日的鸣笛却依旧掀起内心的一阵波澜：天下虽安，忘战必危。幸而，我们依旧记得，记得从1840年起的次次屈辱、次次探索，记得每一位为了人民解放而牺牲的仁人志士，记得在每年的清明节，在烈士墓前，摆上一朵鲜花。我们正用着自己的行动，让这段历史永远传颂，让和平之鸽在更加蔚蓝的天空中翱翔，让祖国东南角迷路的孩子能找到"家"的方向。

耳边，涛声依旧。

我们将像这长江一般，呐喊着，斩浪前行，但不忘曾经走过的路。

（指导教师：钟鹤）

我寄红枫与明月

——观《长津湖》有感

玉环市中等职业技术学校　蒋露遥

枫叶萧瑟，曳入发丝中的红叶苦涩焦黄。走马枫林，挥不尽刺骨的秋风，却看尽了满树红枫欲燃的焦灼。可为何在我鬓间的叶却是枯黄，难道真的是命运使然吗？唯独这片叶失了色，失了命，失了愿。

想问问是什么扑灭烈火，我想是红枫的叶，它会任风吹彻南北，红心的颜色遍染人间万物。

历史的抹灭如风吹黄沙，斧锤砸出一根根钢筋，镰刀划出一摞摞麦穗，万千青年挥起桂棹兰桨，停驻在那条凝碧浮翠的鸭绿江上，定能想起汇入这里的长津湖吧。

踏遍雪岭的四周，人烟断绝，美军的导弹在寻找着雪地上游动的黑点，乍然而皱的云雾下，带着厮杀气息的炮弹投入雪中，破碎的残躯、冰冻的尸体，惨绝人寰。这一唇亡齿寒的时刻，一滴滴坠在雪地的血色被大雪掩盖，僵硬的身躯埋没雪中，心中怎能不翻着犁在苦痛的脉络上，任由泪水催着红枫同一叶扁舟驶向青山埋骨处。

那时，他们面对的是武器装备先进的美军，而他们只有一双腿去翻山越岭。寒风呼啸，霜雪连绵，没有多少棉衣能够抵御飞扑的严寒。在零下三十至四十摄氏度的环境里，二十多天是多么漫长，可就在这样的二十多天里，他们战胜了不可战胜的美军。至此，以美国为首的"联合国军"东西两线全部撤到三八线及以南地区组织防御。四万多人长眠他乡，那些悲哀何须穿越千山万水？眼前的繁华安谧，皆可遥想当年苦厄。踏上这片土地，便要铭记祖辈辛劳、奋勇哪！

那些煦日春风里会言笑晏晏、壮志凌云的志愿军们，他们本可趁着芳华奔赴诗和远方，迎来新中国第一个五年计划的实施，生活在社会主义的国家中，等到中国成功试制第一颗原子弹，看到满街登报中国第一颗原子弹爆炸成功。

"百岁光阴一梦蝶，望回首往事堪嗟。"倘若历史重写，没有他们的一腔孤勇，我们如今如何能过上丰衣足食的生活？雪夜里飘零的纤凝仿佛洒满泪水，枫叶落到哪去了？倘若没有霍去病封狼居胥，怎么会有边关百姓的安居乐业？倘若没有辛弃疾的满腔热血、爱国之心，怎么会有南宋片刻的太平盛世？一腔报国心昭昭，"纵使他人多情应笑我，我笑他人应如是"。堪当大任时，必当鞠躬尽瘁，应民心之所向，斩荆棘、破重云。来日跨马斜廊，映雪前行，他日蹒跚归来，藤萝碧玉，万家灯火。定当携长枪以卫疆土，执笔墨以著春秋，誓"为天地立心，为生民立命，为往圣继绝学，为万世开太平"。

同一轮明月下，我想先辈们也能看到路旁枫叶的一片赤诚丹心，我们将继往开来，不负期待！

落叶归根
——观《长津湖》有感

舟山市南海实验学校　缪雨诺

如果可以，

我希望风可以小一点。

温柔，

如同母亲轻捻耳垂的手指，

让英雄归国的飞机驶得安稳些。

如果可以，

我又希望风可以大一点。

凛冽，

如同雄狮怒啸丛林的嘶吼，

让跨过边境的将士更加雄壮些。

如果可以，

我希望风可以静止下来。

温暖，

是洒在国旗上和煦的阳光，

愿手捧英灵的脚步更加铿锵威武。

如果可以，

我又希望风可以呼啸而上。

响亮，

是当年战场上胜利的号角，

愿冲锋陷阵的背影记得归家路。

如果可以，

我希望风有声音会诉说。

七十余载，

告诉他们，

我们永远不会忘记，

欢迎英雄回家。

（指导教师：吴聪女）

我们为什么要铭记抗美援朝的历史

——观《长津湖》有感

宁波市春晓中学　林宁越

"我们为什么要铭记抗美援朝的历史？它的意义是什么？'抗美援朝精神'又是怎样的？"我努力地想知道这些问题的答案。

有人说，抗美援朝战争，是中国人民支援朝鲜军民抗击美国侵略的战争。

对，这句话没有错。"国际主义精神"是我们要弘扬的，这是抗美援朝战争的重要性之一，也是它之所以值得我们铭记的一大原因，毕竟中国政府也曾号召"全世界一切爱好和平正义和自由的人类，尤其是东方各被压迫民族和人民，一致奋起，制止美国帝国主义在东方的新侵略"，"中国人民决不能容忍外国的侵略，也不能听任帝国主义者对自己的邻人肆行侵略而置之不理"。

但是我认为，抗美援朝战争的意义——或者说"伟大之处"，不止于此。

1950 年 6 月 25 日，朝鲜战争爆发。美国出兵干涉，这极大地威胁到了我国的国家安全。无论是对东北地区的空袭，还是派舰队驶入台湾海峡，都是对我国的严重侵犯。因此，开战前有许多人认为这场战争必定会失败。为什么？因为双方力量悬殊，志愿军将要面对的是以当时的"超级大国"美国为首的联合国军。于是乎，他们认为不应该打。但是，这时候，如果我们退让避战，不仅破坏了中国与邻国朝鲜唇齿相依的关系，还会把我国重新拖入如同近代史一样的暗无天日的深渊。电影《长津湖》中的毛主席在会议上说："过了三八线，过不过鸭绿江啊？"是啊！这一仗，如果我们打了，可能会失败；但如果我们不打，帝国主义将会更加猖獗，反动势力就会更加肆无忌惮。如果我们不打，我们的民族尊严何在？

战场总是无情的，环境总是困难的。中国人民志愿军在战场上付出了巨大牺牲。我忘不了《长津湖》中的一幕，联合国军有丰富的食品可供将士们选择，而我们的志愿军将士们只能忍着天寒地冻，啃着冻得硬邦邦的土豆，端着沉重的机枪，在前线执行任务。风异常凛冽，厚厚的雪层覆盖了士兵的身躯，你甚至无法知道他是死是活……我忘不了电影中战争结束，班师回朝之时，七连只剩伍万里一人，"报告！第七穿插连应到一百五十七人，实到一人！"……我无法忘却那无数冻死在雪地里、埋在废墟下、被炮弹炸得不留尸骨的士兵，我更无法忘却那飞溅的鲜血、满地的尸体、弥漫的硝烟、冲天的火光……要是说士兵们"载誉归来""一同迎接鲜花和掌声",那只是我们美好的想象,因为大部分的志愿军战士都把自己的生命,奉献给了抗美援朝战场。我们的损失是何其之大!抗美援朝战争是如此的惨烈!

所以,这也就是我们要铭记抗美援朝战争这段历史的一个原因。

我们现在的幸福生活是怎么来的?

我们不妨假设一下,如果没有抗美援朝,我国东北将会处于非常危险的境地,边防压力骤增;中华民族将会再度被看作"软弱无能",国内的反动势力将会再度抬头……在这样严峻的形势下,我们会有现在的安宁的幸福生活吗?《谁是最可爱的人》一文中有这么几句话,是一位志愿军士兵说的:"就拿吃雪来说吧。我在这里吃雪,正是为了我们祖国的人民不吃雪。他们可以坐在挺豁亮的屋子里,泡上一壶茶,守住个小火炉子,想吃点儿什么就做点儿什么。""再比如蹲防空洞吧,多憋闷得慌哩,眼看着外面好好的太阳不能晒,光光的马路不能走。可是我在这里蹲防空洞,祖国的人民就可以不蹲防空洞啊,他们就可以在马路上不慌不忙地走啊。他们想骑车子也行,想走路也行,边溜达边说话也行。只要能使人民得到幸福,就是我们最大的幸福。所以,我在这里流点儿血不算什么,吃这点儿苦又算什么哩!"这是一种伟大的爱国情怀,一种崇高的革命信仰。之所以要战斗，就是为了以后的和平。"哪有什么岁月静好，不过是有许多人为我们负重前行。"虽然有些牵强，但就是这个理儿。志愿军们他们不想要安逸的生活吗？他们又何尝不想要和平呢？可是，国难当头，危险在即，他们认为，只有现在他们"抗美援朝，保家卫国"，才能换来安逸与和平。他们中的大多数显然是享受不到了，但他们的目的显然是为了后方的祖国人民——以及为了下一代，为了我们这一代能够享受到安逸、幸福与和平呀！

抗美援朝，过去了近七十年。但我们却常常回忆起这段不能忘记的岁月。"如今繁华盛世，如你所想"，我们不能忘却，现在中华民族屹立于世界，现在我们有安逸、幸福的生活，是志愿军的英雄们，用他们的鲜血换来的。因此，在政府的努力下，在朝鲜的抗美援朝烈士墓里的许多烈士遗骸被运回我国安葬。虽说"青山处处埋忠骨，何须马革裹尸还"，但是中华民族不应忘记这些英雄们。他们是铁骨铮铮、顶天立地的中华男儿！"忘记历史就等同于背叛"，我们不应忘记，也不会忘记他们。现在的幸福生活来之不易，吾辈更应发奋图强，为中华之崛起而读书，为实现中国梦而努力奋斗！

"我们为什么要铭记抗美援朝的历史？它的意义是什么？'抗美援朝精神'又是怎样的？"我终于有了答案。我相信，读者们在心中，也有了答案。

（指导教师：项一萍）

家国万里，英魂永在

——观《长津湖》有感

杭州市交通职业高级中学　陈雨曦

俯首低眉奉华夏，万骨埋沙，傲骨铮铮，山川依旧，不忘遗骨他乡。

电影《长津湖》源于抗美援朝战争中的一次关键战斗，通过丰富的情节与鲜活的角色，再现了战争的惨烈。1950年11月27日，中国人民志愿军在极度严寒和物资匮乏的条件下，与装备精良的美国军队展开了殊死搏斗。影片不仅尽可能地还原了战场的硝烟，更深入每个战士的内心世界，深刻而饱含深情的对白，未有国人不为之动容。

战役中最让人感到震撼的是冰雕连。一排排志愿军战士俯卧在零下四十摄氏度的阵地上，手握钢枪、手榴弹，保持着整齐的战斗队形和战斗姿态，就仿佛是冰雕群像。"兵戈既未息，儿童尽东征。"其中不乏稚气未脱的少年，兵械星散枯骨留，此等震撼，是我等永远想象不到的。

"君不见，青海头，古来白骨无人收。"余温尚存，是铁蹄踏不碎的骸骨，是枪刀破不开的苦寒，是将军浴血难照肝胆，是将士绝唱再赴死关。战争，它一面嘲笑死，一面走向死。战无止，乱无休，天下之大，太平何求？

对于作品所表达的意义和价值，我认为它不仅是对抗美援朝、保家卫国精神的诠释，更是对英雄们赤胆忠魂不灭、革命浩气长存的传承。它告诉我们，无论时代如何变迁，国家的主权和民族的尊严都绝对不能被侵犯。当国家需要我们的时候，我们应当毫不犹豫地站出来，为了家国大义而战。

观影过程中，我多次被那种国家至上、人民至上的信仰感动。这种信仰支撑着一代又一代的人为了家国大义而奋斗。我想起电影中的那句台词："这场仗，如果我们不打，就是我们的下一代要打。"这不仅仅是对战争的控诉，更是对未来的警示。

七十年前，满目疮痍；七十年后，锦绣一片。我为生活在这样一个和平的国家而感到庆幸。我们今天的安宁与幸福，都是那些为国捐躯的英雄用生命换来的。

对我而言，《长津湖》不仅仅是一部电影，它更像是一次心灵的洗礼。通过观看这部作品，我更加深刻地理解了战争的残酷与人性的光辉。它让我明白，真正的英雄并不只是那些在战场上英勇杀敌的人，也是那些即使面临困境和死亡威胁，仍然坚守信仰、坚持人性的人。

《长津湖》也让我反思了当下的生活。我们生活在和平的时代，远离了战争的硝烟和苦难。但电影提醒我，这和平并非理所当然，而是无数先烈用生命换来的。我们有责任珍惜并维护这来之不易的和平。《长津湖》以真实的历史背景、深刻的主题和生动的人物形象，成功地打动了我，让我在欣赏其精湛的演技和视景效果的同时，感受到那来自心灵深处的震撼与共鸣。

功过兴衰，千古绝唱，华夏传奇一纸史书，翻页间，洪流裹挟的巨龙腾飞起。日新月异，大江东流去，旧时代的关隘已倾圮。崭新神州天地间屹立，文明的源流自蛮荒而起，我等中华儿女为谱写盛世的千万笔，无可比拟，无可代替。

万点星火终成燎原势，千里荒野犹埋忠烈骨，佑我华夏绵延永不绝。

（指导教师：包诗维）

观《长津湖》有感

绍兴市柯岩中学　李　艺

听那年风雪回响，传来冲锋号角之音，有人用生命捍卫心底之光，那是信仰。

——题记

冬季过半，寒风凛冽。逢重温之机，怀沉重之心，缅怀先烈，敬祖敬先，特观《长津湖》写感，令我动容，思之无穷，言之不尽，感之颇深矣。

建国伊始，内外动乱。朝鲜纷乱，希我救之。

"打得一拳开，免得百拳来。"

昔日颓败的北京城迎来微薄朝气，腐朽的大地正百废待兴。正是新中国缓缓站起之时，我们的领袖毛主席，做出了艰难的抉择！这场仗，不仅要打，还要打得漂亮。

影片之初，湖州河畔，伍千里刚从解放战争中归来，逗了逗小弟伍万里，与父母畅想着日后生活，憧憬着新房建成。一道命令落下，看着不舍的父母，内心必定煎熬万分，但大势所趋，身披战甲，心存天下，箭在弦上，不得不发。他义无反顾再度投身战场，踏上北上之路。

"几十万老百姓的孩子一道命令就上了战场，我毛岸英有什么道理不去。"

争吵声袭来，毛主席望着眉宇间凝重而决绝的孩子，下了决心让他前去历练。

血与火交织而成的史诗回响在硝烟弥漫的鸭绿江，断壁残垣下的枯骨无声诉说着先辈前仆后继跋涉的征程，血与泪的融合，枪与炮的交锋，冰与火的对垒将在这片土地上愈演愈烈。

庚寅之秋，十月丁亥。大军过境，黑云压城。

"雄赳赳，气昂昂，跨过鸭绿江。保和平，卫祖国，就是保家乡。"

朝鲜境内，北风卷地白草折，瀚海阑干百丈冰，愁云惨淡万里凝。战士们面对物资被炸、无处容身之境，丝毫不敢懈怠，警惕地观察周围。轰炸机的响声如同催命符，不断敲击脑海中紧绷的弦。

与初次偷跑来军队的新鲜感不同，伍万里看着遍地鲜血淋漓，又目睹同伴死于眼前，也在慢慢成长。

第一次正式和美军交战，烟火叫嚣，硝烟四起，鲜血满地，爆炸声此起彼伏。伍万里也崭露头角，用一颗颗手榴弹消灭敌人的幻想。

而后，稍做休整的第七穿插连，再次马不停蹄赶向下一个作战地点。十一月的朝鲜，竟有零下三十摄氏度。我军埋伏在白雪皑皑的崇山峻岭中，身体被厚雪覆盖，灵魂被严寒掩埋，就连睫毛都结了一层又一层的冰，一闭眼便永远沉睡在异国他乡。

战友颤颤巍巍从怀里掏出并递过来的冻土豆，便是铺天盖地白色中唯一的暖意。本想拒绝，可虚弱的声音却说明了一切。咬一口仍旧冰冷、坚硬的土豆，不禁打了个寒战，搂了搂单薄的衣衫，凝望山那边家的方向，便再次热血沸腾。

而此时的美国将士们正过着感恩节，热气腾腾的咖啡一杯接一杯，大块大块的肉在嘴中咀嚼。有人在嬉笑打闹，有人盼望着圣诞节前可以回家。

终于，战役再次发起，冲锋号的声音响彻云霄，提前宣告着无言的胜利。战士们斗志昂扬地从四面八方冲向敌人阵地，在严寒中，一声枪响惊动了严寒，冰与火的交锋激烈碰撞。

周遭逐渐安静下来，本以为大功告成之际，轰轰的响声再度袭来，猛烈抨击着所有战士的心。

"小心！美军飞机！"

"哐当"一声，一个炮弹被投下，却没有想象中的无边火海，那枚炮弹只是不断散发着浓烈的红烟。有人认出这是标识弹，战士们向四周分散跑开，炮排排长"雷公"为减少我军伤亡，毅然决然将炮弹放到车上，自己驾驶着车辆向人烟罕至之处驶去。

一道道爆炸产生的火光在他身后穷追不舍，越发浓郁的黑烟呛得他喘不过来气，耳鸣声渐起，最后一击，车被炸翻，"雷公"如大山般的身躯也沉沉倒下，生命的光彩在一声声"疼，疼死我了"中渐渐暗淡。

志愿军战士们经过艰苦卓绝的战斗，最终将美国人赶出了这片原本安静美好的土地，抗美援朝战斗获得了胜利。

看，白雪皑皑的战场，有人化作丰碑遥望着故乡，泪水冻住了年轻的面庞，可我知道你们的内心有多么滚烫。"青山处处埋忠骨，何须马革裹尸还。"

没有打不死的英雄，更没有冻不死的英雄，只有军人的荣耀。放弃与家人团聚的机会，放弃看大千世界的时日，放弃生还的可能，只因为"这场仗，如果我们不打，就是我们的下一代要打"。

有人说《长津湖》拍得过于血腥，可那个年代的战火只会更加猛烈。现实的战争比电影残酷千倍万倍，我们永远也无法用任何形式阐述，历史长河只会永远流淌在中国人民的心中。

我们会与先辈共鸣，会铭记历史，也会为胸前鲜艳的红领巾和风中飘扬的五星红旗感到骄傲，这是我们身为中国人的底气。哪怕前路荆棘满地，坎坷艰难，也会无畏奔赴，因为祖国会在身后保护我们。

至此，影片结束，心中难免有"临表涕零，不知所言"之感。看着影片的报幕，起身离去，似是推开了历史的大门，外面是高楼耸立，灯火辉煌，车水马龙，清新的空气沁人心脾，缤纷的色彩令人红了眼眶，这不就是最好的"彩蛋"吗？

生逢盛世，国泰民安，吾辈应搏击苍穹，不坠青云之志；初心远行，不负少年芳华，为实现伟大中国梦添砖加瓦。

何其有幸，生于华夏！

致敬英雄，捍卫和平

——观《长津湖》有感

玉环县楚门中学　张安杞

　　看完《长津湖》，我的内心被深深地震撼了。这部影片不仅是一部关于战争的史诗，更是一次对生命意义与和平价值进行深刻反思的哲学之旅。

　　影片以长津湖战役为背景，讲述了中国人民志愿军与美军的血战，展现了他们为捍卫和平付出的巨大牺牲。在那片战火纷飞的土地上，生命在死亡的边缘挣扎，而他们却选择了舍生取义。为了国家、为了人民，他们义无反顾地奋斗，展现出了人性中最崇高的一面。

　　电影中的每一个细节都充满了力量和情感。在严寒的冬天，志愿军战士们穿着单薄的军装，在雪地中艰难前行。他们的脸上洋溢着坚定的信念，仿佛在说："只要我们团结一心，就没有什么能够阻挡我们前进的步伐。"哲学家萨特曾说过："世界上有两样东西是亘古不变的，一是高悬在我们头顶上的日月星辰，一是深藏在每个人心底的高贵信仰。"由此可知，信仰是不可或缺的精神支撑和力量源泉。一旦怀抱信仰，相信未来，就会无所畏惧，创造奇迹。因此，拥有坚强信仰的志愿军战士们创造了在几乎没有补给、严格进行隐蔽伪装的情况下，在极寒的严酷境地中，连续行军10天、平均日行军30公里的伟大奇迹。他们身上的这种精神让我深受感动，也让我更加明白了生命的意义在于奉献和坚守。正是这些无畏的战士，用他们的血肉之躯筑起了保卫祖国的钢铁长城，让我们今天能够享受和平的生活。

《长津湖》也引发了我对于和平的深刻思考。影片通过展现志愿军战士们的英勇事迹，让我更加明白和平的珍贵和无价。和平是人类共同的愿望和追求，只有在和平的环境下，人类才能够充分发挥自己的潜能，创造更加美好的未来。

将影片内容与当今世界的问题相结合，我更加意识到了和平的重要性和生命的意义。俄乌冲突、巴以冲突、缅北内战……战争带来的痛苦和伤害是无法弥补的，而和平是人民永恒的期望。和平犹如空气和阳光，受益而不觉，失之则难存。没有和平，发展就无从谈起。我们应该从《长津湖》这部电影中汲取力量，呼吁和平，为了我们的未来，为了下一代，我们必须用智慧和勇气去捍卫和平。

在电影中，当中国人民志愿军最终战胜敌人，长津湖水变成了和平的象征，我不禁为这一胜利而感到欣欣鼓舞。和平是我们共同的追求、共同的责任。无论我们身处何地，我们都应该用自己的力量去维护和平，用自己的行动去呼唤和平。

　　《长津湖》不仅是一部展现战争的电影，更是一部揭示生命意义与和平价值的杰作。它让我更加珍惜现在的和平生活，也让我更加坚定了自己的信仰和追求。我相信，只要我们共同努力，就能够实现中华民族的伟大复兴，让这个世界变得更加美好和谐。同时，我也呼吁国际社会加强合作，共同应对当今世界的挑战，为维护世界和平与稳定做出更大的贡献。在这个充满挑战和机遇的时代里，让我们一起为和平、为生命、为人类的未来而努力奋斗！

冬与狮
——观《长津湖》有感

杭州文澜中学　王佳音

夜色难免黑凉，前行必有曙光。

——题记

冬日里的雪花飘落在手心，细看，那脉络清晰的纹路上刻着一枚枚文字。雪花，是冬天的天空在诉说着什么吗？从高而远的天空飞落而下，好似从远方传来的深入肺腑的呼唤。不觉间，轻落在人的头发、脸颊、手指上，覆盖在地上。远远看去，仿佛是一篇文章，将冬天的故事娓娓道来。

追忆73年前，志愿军战士们告别父母，道别祖国。他们早已不是曾经的他们。浴血奋战的他们是人民的信仰，更是新中国的脊梁。懂得唇亡齿寒，带着希望，雄赳赳、气昂昂奔赴远方的朝鲜战场。

长津湖战役是抗美援朝战争中一场扭转战局的关键战役。

历史是最好的教材，电影是历史的缩影。

置身于零下40摄氏度的严冬，面对装备精良的美军，志愿军战士们身着单薄的黄色棉衣在雪地上匍匐，脸上、身子上、脚上都是被冻伤的裂口。寒冷的北风叫嚣着，敌人的侦察机威胁着，但他们却宛如一只只雄狮，傲然挺立在白雪之上。他们说："我们把该打的仗都打了，我们的后代就不用打仗了。"近郊山头染了血迹，山腰的杜鹃花仍然一派天真地等待春天。

电影中，我印象最深刻的是当我军攻击受阻时，初升的太阳暖暖地照在他们身上，前夜的寒风吹不灭他们的斗志。

"那是我们的边界，家的方向吧？"

"是啊，祖国的方向。"

是啊，"祖国"二字让多少人心中泛起温柔的涟漪，让多少人眼里涌起晶莹的泪花，让多少人胸中涌起滚烫的热浪。和平，总要经过炮火与雪的洗礼。只因一句，"抗美援朝，保家卫国"，将士们就义无反顾地冲锋陷阵，浴血奋战，在广袤的大地上留下一道道血痕。他们铮铮的铁骨是打倒美军的关键，他们钢铁般的意志使他们无坚不摧，无往不胜。人间没有永恒的夜晚，世界没有永恒的冬天。此一役，收复了"三八线"以北的广大地区，挫败了美军继续北进的计划，展示了我军无所畏惧的战斗精神和中国人民捍卫民族尊严的坚强意志。

谁是我们最可爱的人呢？我们的战士，他们是最可爱的人。在冬日的今天，家人闲坐，灯火可亲，是千千万万个志愿军战士用努力绘就了国与家的安宁图像。我们不赞美冬日，独爱那些在冬日里渴盼春光的虔诚；我们不歌颂苦难，独颂那些在苦难中生长的不为风霜折腰的灵魂。

也是在冬日，随着哈尔滨景区的爆火，那已经被人深深掩埋在地底下的灵魂重见天日，731部队的残忍实验再度被人们提起。他们无时无刻不在提醒我们要铭记历史，我们中华儿女要有"为中华之崛起而读书"的志向，热血挥洒，勇于反抗，取义成仁，哪怕自身力量微小悬殊，也无所畏惧。这正是抗美援朝的精神所在。

那一面面红旗挥洒着胜利，也是我们中华民族前进的方向。没有失望的冬日，只有希望的春光，愿山河无恙，人间皆安，这盛世将如你所愿。

（指导教师：谢科科）

观《长津湖》有感

宁波市镇海区仁爱中学　桑皓城

在寒假中，我因为要预习八年级下历史课文又看了一遍《长津湖》，经受了再一次的精神洗礼，受益匪浅。

电影《长津湖》以抗美援朝战争中的长津湖战役为背景，讲述了中国人民志愿军七连战士为了争取胜利，用青春和热血保家卫国的感人故事。连长伍千里、指导员梅生、狙击手平河、火力排排长余从戎、战士伍万里……一个个有血有肉的志愿军战士英勇无畏、浴血奋战，用血肉之躯、无畏斗志、牺牲奉献展示了"最可爱的人"的壮美形象，书写了中国军人不可战胜的英雄传奇。看完后，我的内心波涛汹涌，久久不能平复。

这些革命先烈给我们留下了人生至宝——坚不可摧的革命意志和奋斗精神。我的太公也给了我无比宝贵的精神财富，需要我去珍惜，去传承。

　　1949 年 7 月的一天，18 岁的太公加入了解放军，从此走上了革命的道路。从抗美援朝到建设大西北，他从未退缩过。回忆起当年抗美援朝的时候，太公思绪万千。一路上，所有桥梁都被炸毁了，太公和他的战友们只能趁着天黑，铺上木板行进。天寒地冻时，战士们都咬着牙，穿着棉裤、鞋子蹚水过河，有时一颗流弹飞来，几位战士就没了踪迹。还要爬过 1200 多米的高山。在山上，能看到前线的一片红火，不时腾起滚滚硝烟，大炮的声音震耳欲聋，子弹"嗖"的一声呼啸而过……风萧萧兮易水寒，在山沟沟里看到的都是烈士墓——在战争中牺牲的战士和医护人员。这种场面我们何曾见过？是什么样的精神在支撑着他们？太公他们都有一股不怕死的精神，有着保卫祖国、攻坚到底的奋斗精神。战争结束后，为了响应党的号召，支援宁夏，太公离乡背井，来到了祖国边疆建设大西北，并且光荣地加入了中国共产党。他把自己的一切交给了党，为党服务，为人民服务。他说："党的初心就是解放全国受苦受难的人，把中国变成强大富裕的国家。一切为人民服务，为共产主义事业而奋斗到底！"正是这样的精神，让太公那一辈人实现了自己的理想，为祖国的美好明天奠定基础。

　　我们这一辈要接过精神圣火，不仅要传承，更要发扬光大。可传承谈何容易？

　　在五年级的那一个夏天，我参演了校园剧《明天的太阳》，亲身体会到了这样的精神。剧情是我和几个同学去四明山采风，误打误撞，穿越到了革命战争年代，遇见几位面黄肌瘦、衣衫褴褛、手持红缨枪的同龄儿童。通过交流得知，原来他们是共产主义儿童团团员，正在执行任务。他们听说我们生活在高楼林立的新世纪，有学上，有汽车代步，有电脑网络，个个都目瞪口呆，羡慕不已。这时，我们被敌人发现，受到了袭击。他们奋力抵抗，其中一个孩子为了营救大家，引开敌人，最后英勇牺牲。虽然这只是一次话剧表演，但我们不顾酷暑的炎热，舍弃休息娱乐时间，精益求精，全身心地投入排练。其间，没有一个同学喊累。这正是因为剧本中展现的精神感染着我们。我们知道，这个剧本是战争年代的一个真实写照，甚至当时环境比剧本中展现的还要恶劣残酷百倍、千倍。对啊，正是因为革命前辈的流血牺牲和艰苦奋斗，才换来了我们今天的美好生活。

作为一名中学生、一名共产主义的接班人，我们要继承艰苦奋斗的革命精神，秉持"我心向党，永远跟党走"的信念，努力学好本领，长大以后为祖国的建设添砖加瓦，为祖国能以昂扬的姿态屹立于世界民族之林贡献自己的力量。

（指导教师：蔡如茜）

梦回沙场，精神永垂

——观《志愿军：雄兵出击》有感

衢州市柯城区航埠镇初中　陈佳慈

　　岁月辗转成歌，时光流逝如花。虽然历史如白驹过隙，已经逝去，但是精神永在，流淌在千千万万青少年的心中。

　　望着影院的银幕，我仿佛又回到了那个被血与泪、家国大义书写的时代。

　　1950年，美军赫然越过"三八线"，向中朝边境大举推进，中国危在旦夕。

　　在去往前线的路上，"我"不禁对眼前的风景啧啧称奇，希望在未来它可以以更加雄伟的姿态展现在世人眼前。列车上的"我们"感慨万千。

　　"我们"收到要求向松骨峰挺进的军令，松骨峰只是一个小土包，但若失守这小小的土包，极有可能让南逃的美军趁机逃脱。于是"我们"提前埋伏在松骨峰的山坡上。周围万籁俱静，不一会儿，轰隆隆的机械声传来，敌人来了！"我们"

迅速反应，趁敌人逼近时迅速起身，一个回马枪给予了他们重击。一开始"我们"处于上风，打得美军节节败退。但是局势突然开始转变，敌人似乎动用了所有的兵力要攻下松骨峰，十几门重型武器一起向天空发射炮弹，声音震耳欲聋。霎时间，飞到天空中的炮弹像正在俯冲的老鹰一般疾速冲下，给松骨峰上的每一寸土地都翻了新。一时间，血肉横飞，眼前一片猩红。一阵轰隆隆的声响过后，飞机疾驰而来，又是一轮新的轰炸，面前热浪翻滚，火蛇舔上了"我"的脸颊，"我"握紧已经没有子弹的枪，义无反顾地冲进了火海。穿过火焰后，"我"看见了敌军脸上的表情，恐惧，惊讶，不解，混合在一起。"我"从他的眼睛中，看见了浑身是火的自己抱着寒光凛凛的刺刀，如同一条巨龙，在火焰中露出银色的獠牙，正炯炯有神地盯着他。"我"向前一个飞扑抱住他，刺刀在中途掉落了，"我"便用拳头和牙齿，一下又一下地给予他重击。敌人似乎被恐惧占据了大脑，转身向后逃命。"我"怒目圆睁，刚想追上去，耳边子弹的声音呼啸而过，挡住了"我"的去路，"我"急忙闪回土坡后面。耳边的炮弹声、叫喊声、子弹声，混合成一体。"我"看见一个战友捂住胸口，口中不断渗着血，但是眼神仍然坚定，"我"以最快的速度爬到他的身边查看伤势，紫黑色的血不断从他的心口处冒出来，越来越多，越来越多。"我"无助地四处张望，却没找到任何能够止血的物品。"我"的手不断颤抖着，从旁边捧起焦黑的土，胡乱地盖在他的胸口上，希望可以起到一点作用。泪水盈满了"我"的眼眶，滴落到土中，微微有些温热。

美军停止了进攻，四散而逃，但是"我"的战友永远也回不来了。"我"站起身，环视着松骨峰，战友的尸体与敌人的尸体把雪地染成了暗红色，没有一点生机。"我们"以惨痛的代价获得了这场战争的胜利。银幕缓慢变黑，一种悲壮之感溢满我的全身，战场上的厮杀声仿佛仍然回荡在我的耳畔。

直到我猛然回神，我才意识到，这并不是亲身经历，却又神似亲身经历。《志愿军：雄兵出击》清楚地向我们展示了当年朝鲜战场上的惨烈，我们如今的幸福并不是凭空而来，而是先烈用生命换来的。他们并不是神，而是人！他们也是普通人，也会感到疼痛，会为战友的牺牲感到绝望，会对故乡产生依恋……但就是这一群普通人，用坚定不移的意志，创造了生命的奇迹！如今，我们虽处和平年代，但是"生于忧患，死于安乐"，我们这代人仍有属于我们的战场。而我们，将会继承先烈的意志与精神，打赢这场属于我们这代人的战斗！

（指导教师：郑瑞红）

须知正义原无敌，奏凯毋将国耻忘

——观《八佰》有感

宁波市春晓中学　江晨逸

待我成尘时，你将见我的微笑。

——《八佰》

杜鹃振翅划过水面，赤羽间夹杂着扬起的风，穿过河岸边低矮的草甸，在满目疮痍的墙壁上草草掠过，惊动了曾埋藏在此的英烈。水面上泛起涟漪，暗流涌动，水底被漩涡翻飞起阵阵泥沙，混杂着来自1937年战场上剩余的硝烟与血腥味。

那是我脑海中挥之不去的一幕——一位位战士整齐地排成一列，在身上绑满炸弹，一个接一个从楼上一跃而下。此刻，年轻的生命燃烧着最炙热的灵魂，那吼出的一个个人名，那砸出的一声声闷响，无不像一记记重拳猛击着人心。他们抱着与敌人同归于尽的震撼姿态，坚决地，义无反顾地结束了他们的一生……镜头一转，是四行仓库外的一片肃杀和寂静。从他们眼中，我看到了战争的残酷、敌寇的张狂、国家安全的危机，也看到了中国战士对家园有难而一往无前的决心。

"国人皆如此，倭寇何敢？"这道出了多少人的心酸与不甘。"丈夫许国，实为幸事。"这又是多少战士对祖国、对人民发自内心的热爱。历史的长河中，不免有或湍急或平缓之势，只是很不幸，他们诞生在激流当中，伴随着失去家园亲人的血与泪被时代冲走；战场上的硝烟同这苏州河畔刮起的慵懒的风，匆匆被时间刷下，剩下的，只有那四行仓库和人们对战争止不尽的唏嘘和感叹。

一河两岸，一岸地狱，一岸天堂；一岸歌舞升平，一岸硝烟四起。地狱里的人们，在尸体纵横的战场上殊死抵抗，朝着迎面闯来的敌寇开枪；天堂里的人们，隔着遥不可及的河流，焦急地望着河对岸的战友。此刻，中国同胞的心，互相牵动着，牵动着。

他们也是人，他们也是父母的孩子、孩子的父母，但他们早已把整个中国看作了他们的衣食父母。他们以血肉之躯，筑起坚固的城墙，殊死反抗着敌人的射击；他们也是人啊，他们也会害怕，也会退缩。街道上的尸体无处不见，散发着阵阵恶臭，战场上激起的战火无不都在打击着他们。他们也想与家人团聚啊。

逃？

谁不想逃？

能逃哪去？

家？

都回了家，我们的大家又该怎么办？等到敌人占领了，又能逃到哪去？

既然哪哪去不了，哪哪逃不掉，不如殊死一拼。他们身上，是全体国民的希望；他们身上，是保卫国家的责任；他们身上，是国在家在、国亡家亡的信仰！

这仅是历史的冰山一角。

1840年到1945年超百年的屈辱史中，我们曾一度变得软弱无力，在黑暗中无助地呐喊、彷徨……何其有幸，嘉兴南湖一叶红船从风雨飘摇中劈波斩浪。南湖青年们高喊："国人当自强。"听，梨园喧嚣，锣鼓震天，梅婉华把一个命运与时代交织的悲喜传奇，绵延到现世今天，借青衣之口，唱出了整个民族的最强音；看，"白雁西风紫塞，皂雕落日黄沙"，敦煌儿女以穿透时光的坚守力量，将一生的热情投射在洞窟的壁画和雕塑上，也把敦煌的文化气韵永远留存在了自己的生命之中。无数个他用无悔坚守诠释了中国人民的情怀，也以默默奉献回应着历史深处的文化召唤；无数个他品读着沉淀了千年的圣贤之言，品读着沉静如东升西落的日轮下合璧的彤彤祥云，品读着凝重如春耕秋收的岁月中回荡的深深足音……

迷失的当代人，又该如何寻到过往，穿透未来？一砖一石，一窗一牖，一瓶一罐……那些看似微小的文明载体过后，镌刻着鲜活的故事，铺陈着人事代谢。薪火相承的浩荡信息，更雕镂着生生不息的民族精神。正是那些历史记忆与民族底蕴，构造了我们这个民族的文化基座与一把开启未来的密钥。在千城一面、楼盘林立的水泥森林里，在推土机的力量撕裂与纯真的时代里，在"楼盘与水泥齐飞，玻璃共强光一色"替代"落霞与孤鹜齐飞，秋水共长天一色"的都市里，我们的焦虑，恰恰需要传之久远的载体记忆和精神认同来抚慰；在历史风尘遗留的沧桑故事里，在960多万平方公里的广袤土地上，在国家强盛、民族复兴的征途上，我们的精神归属与民族责任感，恰恰需要中华民族漫长奋斗所积累的文化养分来滋润，来唤醒。

那我们这一代扛起中华民族未来的青年们呢？揆诸当下，在不少人眼里，"中国风"不过是高高挂起的红灯笼、屋顶上的砖瓦；圣人的教诲如九州土地上盘延的虬根，被茫茫世尘风化了枝叶，几近淡去。但是，当峨冠博带，零落成泥；当崇楼华堂，沦为草泽；当文脉被敲打得千疮百孔……我们拿什么治愈自我，拿什么留给后人，拿什么开创民族未来？如果没有"板凳坐得十年冷"的文化定力，没有"语不惊人死不休"的文化追求，怎么能沉淀出新的经典，让后人如我们今天吟咏唐宋名篇一样，沉醉于我们的创造？我们又该如何对得住绵延五千年的先人遗泽，配得上纵横九万里创造经济奇迹的大国气象？传承是根，创新是魂，传承不守旧，创新不忘本。当然，这不意味着抱残守缺、闭关锁国，把传统等同于"复古""守旧"；更不是"去中国化"、毁古搬洋，把传统一概视为"糟粕""落后"；而是要返本开新，以此承前启后、继往开来。《文心雕龙》有言，"心生而言立，言立而文明"。在古人看来，人可以用内心感知天地之道、世界万物，当"情以物迁，辞以情发"时，便容易产生文学、艺术成果，最终积累成浓厚的文化底蕴。

"太平本是英雄定，不见英雄享太平。"何为八佰？是八十八师仅剩420人时却坚定喊出的"八百"；是"佰"字左边大写的人、顶天立地的人、宁死不屈的人；是淞沪会战浴血奋战的八百名烈士……但我知道，在遥远的1937年，早已有一颗种子埋进土里，等待着恰当的时机，迎接属于他们的春天……

中华的韧性
——观《八佰》有感

青田县伯温中学　叶雨萱

　　在这残酷的、喧嚣的战争中，战火纷飞，枪鸣不止。但是这一马蹄，冲破了围墙，打破了战场的硝烟，连空气都安静下来，静听它自由的奔蹄声。它亮白的鬃丝狂野地飞舞，如同白日中的柳丝，渴望而坚定。

　　它作为人间地狱最夺目的一抹亮色，不合时宜地飞驰在断壁残垣中，溅起那肮脏不堪的泥水时，可能会认为它洁净鲜亮的毛皮犯下了天大的罪。但它依然意志坚定，不顾对岸"旁观人群"的视线，用它高大的身躯和勇敢的气节闯出中国人的自信来。它象征着中国军人，在日本人冰冷的注视下，带着中国军人的勇气和战斗力，与中华民族的韧性，哪怕顶着实力不足、兵力稀少的压力，也依旧绑上炸药包，举起高射炮，筑起血肉墙，升起军旗，成就真正的千古绝唱。

坚守四行，视死如归

1937 年 7 月，日军入侵华北。8 月，淞沪会战开始。10 月，因兵力不足，上海已基本沦陷，数十万国民党军开始陆续从上海西撤。

国民党仅留下一支军队坚守阵地，他们奉命进入四行仓库，誓死保护上海，因为他们在，上海就在。可是兵力不足的事实已摆在人们眼前，这场战争注定是死局，这最后的抵抗，也沦为表演性质的抵抗。战死，是这四百多人的命运，只有这样才会赢得各国的支持。

所以从来没有人对他们抱有过希望，但他们的目的是让全世界的人知道"中华不会亡"。

在烽火连天的战场上，两军激烈对峙。轰炸机在天空中飞翔，呼啸而下的炸弹划破天空，紧接着是撕裂的天地被火焰与浓厚的烟雾遮盖。激烈的战争进一步扩大。随着秒针的步步移动，颗颗飞旋的子弹无情地射入战士们的头颅和胸腔，随着一阵不甘的微颤，一个英勇的身躯倒下了，那迸射出的鲜红血液中流着不屈韧性的灵魂……

直到最后，人数已所剩无几，军人们收到命令从桥上撤退到租界，但日军不会让他们这么十。日军用机枪射杀过桥的士兵，这不单是 50 米长的桥，也是中华民族的生命之桥，更是中华民族的尊严之桥。而桥的对岸，一双双努力从护栏中伸出的手，给了军人希望，给了中国未来。

然而有没有人从桥上通过，无人知晓。

如今的中华已繁荣昌盛，高楼林立，车水马龙。这靠的难道不正是这些英勇奋战、视死如归的军人吗？他们才真正拥有中华红色精神。这部电影让我们知道了四行仓库的战争，激励着屏幕前的千千万万人民。

平凡也能创造伟大

《八佰》单单塑造那些英勇无畏的战士角色是远远不够的，就像一棵树中不能只有明艳的花儿一样——还需要绿叶的衬托。导演把镜头对准了那些小角色，在荧幕中呈现的，有贪生怕死之人，有舍生取义之人，有胆小如鼠之人，有勇猛冲锋陷阵之人，有南岸令人讥讽的"看客"，还有视死如归的混混……如此配角，才构成了这部精彩的电影，才融成了盛大的中华民族。正是这般血气方刚，才让东方那抹朱红如此夺目。

"贪生怕死是一种常态，视死如归也是。"

所以，不要看我们只是一个个小小的人，实则我们构成了整个世界。富兰克林在《格言历书》中写道："有些无名小卒和最有名的人一样伟大。"《钢铁是怎样炼成的》告诉我们：一个人只有在革命的艰难困苦中战胜敌人也战胜自己，只有在把自己的追求和祖国、人民的利益联系在一起的时候，才会创造出奇迹，才会成长为钢铁战士。平凡不是我们逃避责任的护盾，如今我们生活在这安定的社会中，远离了战争的喧嚣，人们安居乐业，彼此温暖，更应该奋发图强，铭记国耻，传承中华文化，让心中属于中国的明星高高挂起，熠熠生辉。

传承红色文明，过往激励当下

一种文明的传承，必定以其关键的精神风貌为支撑；一个民族的稳定，必将以度过无数个危难关头和关键时刻为前提。中华民族诞生至今，越发强大，越发旷达，经历过血腥的厮杀，经历过残忍的侵略，也经历过温和的传承。从古代遗留下的句句诗词中，可以感受到中华民族不灭的韧性，它替我们铭记过往，同时激励当下。

放眼中华漫漫历史长河，一个民族愈是站在危急关头，愈能凸显其坚韧精神。无论是先秦时期，匿名百姓在屋檐下大笔一挥，描绘下战士的英姿"探虎穴兮入蛟宫，仰天呼气兮成白虹"；还是宋朝，诗人在归南路上立下的雄壮誓言"臣心一片磁针石，不指南方不肯休"；抑或近代弃医从文的伟大革命家提笔"寄意寒星荃不察，我以我血荐轩辕"……我们不难发现，这个民族始终以呐喊和反抗的姿态告诉人们：没有人可以击倒我们。正是这些柔韧坚强的生命，造就了这个柔韧也强大的民族。

尾　声

　　我们重新修建祖先开辟的文明道路，我们盼望着一个和平包容的新社会。千百年来的苦难和美好的愿景共同打磨了这个民族的韧性，它将永远流淌在你我的血液当中，亘古不变。

（指导教师：杨鲁嘉）

不同的身份，同样的爱国情
——观《夺冠》有感

慈溪市实验中学　郑清容

"你们都知道的，她从脖子往下没有一块好骨头，她为什么还要在这里陪着你们死磕？"

她，就是郎平。

年少的梦·运动员

郎平18岁时入选国家队，此后便开启了坚苦卓绝的训练。她刚入队时因为负重不到100斤而不被允许碰球，之后她每天坚持负重，雷打不动。可在达到负重标准后，她却仍不能和其他队员一起分组训练，于是她只能和陪打教练一起每天练满一万个球。

功夫不负有心人，郎平终于成为一名主攻手，成了队内的顶梁柱。她带领中国女子排球队一举夺取世界杯冠军。此后五年，她与中国女子排球队一起奋斗、一起努力，夺取了"五连冠"。

彼时，她的身份仅是一位女子排球运动员，并不亮眼，但成为主攻手并参加奥运会是她从小的梦想，她为之努力奋斗了几十年，甚至练到浑身是伤都不忘初心。运动员是她的身份，她甘愿为之奋斗，尽管渺小，却难掩她的爱国情。

青年的选择·美国女子排球队主教练

郎平退役后，选择出国留学，后定居美国。她接受了美国体育局的邀请，成为美国女子排球队第一位女性主教练。

在她的带领下，美国女排在各级比赛中势如破竹。2008年，中美两国在北京奥运会决赛中狭路相逢。最终，中国女排以2∶3的比分不敌美国队，无缘决赛。之后，郎平陷入了国人的一片谩骂声中。可有谁注意到，当美国女排将赢之际，她没有再说一句话，而是任姑娘们自由发挥；又有谁能注意到，当美国女排夺冠的那一瞬间，队员们在欢笑，在相拥，唯独留下她一人，默默转身流泪。

美国女子排球队主教练，是她的身份，但不是她的"情"之所在。作为主教练，她有义务带领美国女排走向最高领奖台；但作为一个中国人，她仍有满满的爱国情。之后，她辞去了美国队主教练一职。也许，她认为责任已完成，此后该圆那一份爱国情了吧！

中年的抉择·中国女子排球队主教练

队友的离世让郎平更坚定了回归中国女排的决心，她要将队友临终前说的那句"你能为中国女排带来新的东西"尽力到底。2013年，郎平抛开在美国的丈夫和女儿，孤身一人回到祖国，成为中国女排的主教练。为了改变球队青黄不接的现象，郎平倾尽全力不断尝试改革，虽不甚如意，但她不气馁。终于，在2016年巴西里约奥运会上，中国女排以3：2的成绩完成逆转，战胜东道主巴西队，随后又以3：1的比分完胜塞尔维亚队，捧起了久违的冠军奖杯。这一战，让人们再次惊叹于中国女排的强大能量，同时也在世界上打破了巴西女排不可战胜的神话。

人的一生，会有很多种身份，但唯一不变的是那颗爱国心。郎平用她的经历告诉我们，不论是运动员，还是异国的主教练，都一样可以拥有爱国之情。每一个选择，都代表着一种身份；每一种身份，又代表着应尽的责任。作为青少年，我们应该努力学习，秉持初心。我们虽无法经历往昔的峥嵘岁月，却可以珍惜当下，尽自己作为中学生的责任，发愤图强，怀揣爱国之情，书写时代华章！

（指导教师：胡罗杰）

择一事，终一生
——观《守岛人》有感

杭州市交通职业高级中学　王　盼

在观看《守岛人》这部电影之前，我对守岛人的生活了解甚少，只是从新闻或一些旅行节目中略知一二。《守岛人》这部影片为我呈现了一段真实、感人的守岛人生，让我对这一职业有了更深入的了解和敬意。主人公是一对夫妻，他们默默无闻地守护着这座小岛，与岛为伴，与海为邻。电影通过描写他们的日常生活和工作，展现了守岛人的艰辛与付出，同时也展现了他们对于家园的热爱和坚守。

电影中的每一个细节都让人印象深刻。无论是在面对台风、海潮等自然灾害时的坚韧不拔，还是在日常生活中对于小岛的细心呵护，都让人感受到了守岛人的不易。他们的工作并不仅仅是简单的看护和修理，更是对于生态环境的保护。

一口水窖，两个人，三只小狗，四座航标灯，169本日志，368面国旗和满身的疤痕都记录着他们的32年。没能给父母养老送终，没能在过年与家人团聚，没能在儿女婚礼上送上祝福，是他们最大的遗憾。人这一辈子会扮演很多角色，他们做得最好的是守岛人和中国人，做得最不好的是父母和孩子。他是王继才，一名普通的民兵营营长，她是王继才的妻子王仕花，一名普通的人民教师。

以岛为家，以海相伴。有些爱，能跨越寒冬，能跨越一年又一年的孤独与无助。王仕花在决定上岛前与家人分别时说："他守岛，我守他。"这一句小小的承诺，不是空口白话——为此，她放弃人民教师的岗位，离开了最爱的三尺讲台。当然，在这句承诺后面，心爱的女儿放弃了公主梦，像大人一样供弟弟志国上学；志国考上南京航空航天大学为父母争光。他们却没能付出全部爱给儿女。

四季轮回。一守，便是32个寒冬。每一次狂风暴雨的席卷，都是一场巨大的磨难。对王继才而言，他有好多次离开岛的机会，但他却不想辜负国家对他的信任。从被信任的自豪感油然而生的那刻起，开山岛，自此便跟王继才有了不一样的缘分。

风雨交加，晴空万里，爱与信仰永不破灭，国旗也日复一日地升起。32年，他坚守的不仅仅是岛，更是年复一年的信仰。无论是台风的袭击，还是海浪的肆虐，他从未放弃。为了证明自己有出息，即使被蚊虫叮咬，一身是包，即使被暴雨打得睁不开眼睛，他也从未放弃。

　　在人生的旅途中，我们时常面临选择，而坚持与否往往决定了我们的未来。作为一名高中生，我曾面临过一个抉择，也因此体验到了半途而废所带来的痛苦与懊悔。

　　曾经的我怀揣着一颗对音乐热爱的心，决定学习钢琴。我以为凭借这份热爱，可以战胜一切困难。然而，随着时间的推移，我发现这并非是只需要一颗热爱的心这么简单。每次的练习变得枯燥无味，面对一次次的挫败，我选择退缩，想回到从前无忧无虑的日子。然而，突然的放弃并没有让我的生活回到从前，而是像乌云底下的向日葵。我也曾想过：要不再去试一试？不要轻易放弃。这种纠结成为我内心的负担，同时，也让我对未来充满迷茫。

　　"守岛就是守国。"在开山岛——这座面积仅有0.013平方公里的黄海前哨，王继才和王仕花夫妇面对无水无电、台风肆虐的恶劣条件，以满腔爱国激情甘于淡泊、固守清贫，从青春韶华到两鬓斑白，几十年如一日，重复着升旗、巡岛、护航标、写日志等日常工作。用自己的热忱书写不同于常人的无悔年华：守岛就是守家，国安才能家安。

　　看完这部《守岛人》，我决定重新拾起被我曾放弃的梦想。我开始努力学习钢琴，尽管练习的路上会经历许多失败，我不会再轻易放弃。我告诉自己，每一个音符、每一次进步，我所花费的一切都是通往梦想的基石。

　　对于王继才而言，守岛这件事，他做得比任何人都好。他无愧于时代，更无愧于祖国，唯一亏欠的是家人。一家人在一起便有了家的模样。一直守着的，是国家的土地。尽管岛外，日新月异，生机勃勃，但是，他们还是他们——一名普通的民兵营营长和一名贤妻良母。他们为开山岛而生，生生不息。

《守岛人》这部影片不仅讲述了守岛人的故事，还探讨了家庭、责任和奉献的关系。它让我重新审视了自己对于选择与坚持的态度和价值观，让我更加珍惜自己所拥有的一切，也让我对于守岛人这一职业有了更深入的了解和敬意。同时，这部影片也提醒我们要珍惜当下的生活。守岛人在孤岛上默默坚守，却无怨无悔。而我们生活在繁华的城市中，更应该珍惜当下，努力追求自己的梦想和价值。

岛上的果子又熟了，叶子又落了，小狗还在等他们回家。

（指导教师：姚翔）

平凡的血液

——观《我和我的祖国》有感

北京师范大学台州实验学校　王奕哲

我们每个人都是平凡的，我们身上流淌着红色的血液。天安门广场上的五星红旗熠熠生辉。如果说奇迹有颜色，那一定是中国红，来自东方的红。

万无一失

我们都知道，尽管再怎么小心，也很难不出错。但有一个人，为了在开国大典升旗时做到万无一失，按三分之一的比例建造了一个与天安门广场上一样的升旗装置，他就是林治远。在升旗前6个小时，旗杆的阻断装置出现了问题。在时间不够、没有外援、物资匮乏的情况下，一般人都会选择放弃，但他没有。在夜晚猛烈的大风下，他的身体被大风吹得摇摇晃晃，他的头发已经被风吹得凌乱。当他爬到一半时，脚底已是"万丈深渊"。他吓得面色铁青，但在众人的鼓励与为了开国大典完美举行、向世界宣告中国已经挣开了黑暗的枷锁的愿望下，他克服了恐高，一点一点吃力地往上爬，从脸颊上的皱纹可以看出他是在咬紧牙关与风做斗争。终于，他爬上了红旗杆子的顶部，及时修好了装置。

热爱可以支撑一个人的灵魂，赋予他强大的动力；热爱如同一缕微风，在烦躁、焦急之时，带来凉意；热爱让人面对恐惧，仍保持动力，挺立前行……正是有了热爱，林治远才可以不断研究、反复试验，设计好装置，让升旗仪式成功举办。

一秒的意义

一秒，可以是渺小的，但也可以是伟大的。在中国还未完全强大的时候，我们如同任人宰割的羔羊，眼睁睁地看着国土被那些贪得无厌的侵略者给夺走。1997 年 7 月 1 日，香港终于回到了母亲的怀抱中。"我们不想，也不能再多等一秒了。"这句话令我记忆犹新，一秒钟相当于什么？当香港从英国的手中脱离出来，我们应该立即让它回归祖国，一秒钟也不可耽误！

国家是我们生存发展的地方，我们应该义不容辞地维护国家领土的完整！

前进的道路

在我看来，老李是伟大的，他帮助过很多像沃德乐兄弟这样的贫困孩子。当沃德乐偷了他的救命钱时，他不仅没有生气，还宽容地给他们解围，原谅了他们，带他们去看"白昼流星"，带他们走上正确的道路。他的这种"扶贫"精神令我深深敬佩。中国航天事业不断前进，每一次前进都是一次突破。超越自己，突破不可能，将不可能化为可能，揭开宇宙神秘的面纱，是我们的梦、红色的梦、中国梦！

打开时间闸门，翻开历史课本，先烈们用自己的身躯铸成红色的长城，浴血奋战，换来了灿烂的今天。任人宰割的时代已经过去，中国已经从困难中走出来了，变成一个充满光明、未来又有能力保护人民的国家！当烟花在夜中绽放，带来的不是战火，而是和平……电影中还有许许多多没有名字的人，他们难道不是平凡的人吗？以平凡之光铸就东方之红，为了祖国，他们可以隐姓埋名，离开亲人。热爱与国家构成了爱国。爱国，始终是青春的底色，以青春之名，书写青春挚爱！

（指导教师：朱胜娅）

七种人生，七种感动

——观《我和我的祖国》有感

金华市金东区孝顺镇初级中学　张杰凯

光阴如白驹过隙，距1949年已经过去了70余年。《我和我的祖国》于2019年上映，向我们展示了新中国成立以来那段艰苦又荣耀的日子。天际与飞鸟，祖国是最深切的热爱；大海与浪花，祖国是最亲密的依赖；原野与青草，祖国是最坚定的拥护。在这部电影中，看到这些有笑有泪的故事，我更加深切地明白——所谓英雄，就是普通人拥有一颗伟大的心。正是因为千千万万平凡人为梦想、信念而努力奋斗，才共同铸就了属于大时代的辉煌。

"时序轮替中，始终不变的是奋斗者的身姿；历史坐标上，始终清晰的是奋斗者的步伐。"一部电影，七个瞬间，百味人生。

《前夜》是"立国大事，鞠躬尽瘁"的信仰，电动升旗装置总设计师林治远彻夜不眠，争分夺秒地调试机器。《相遇》

是"身已许国，难许卿"的难言，高远秘密离乡参加原子弹实验，从相恋的女朋友身边消失了，直到多年后又相遇，却因疾病不敢再相认。《夺冠》是"学女排，见行动"的精神，邻里沸腾，孩童也有依恋之人；多年后的重逢，也再次迎来女排夺冠日。《回归》是"收复疆土，分秒必争"的坚持，0分0秒升起中国国旗是我们的底线！英方先超时23秒，后提前12秒，虽状况频出，但我方也将时间拉回了原来的轨道！整个过程演绎得惊心动魄又精彩万分！《北京你好》是"08奥运，中国记忆"的骄傲，以轻松愉悦的镜头书写了一个感人至深的故事，市井之人温柔至深的心在出租车司机了解男孩来北京的意图后将票给了他之时展现得淋漓尽致。《白昼流星》是"追星之人，悔过之心"的深切体现，"你们的路还远"就是传承最好的言语。《护航》是"军中木兰，闪耀天际"的精彩，阅兵仪式里女飞行员的精彩表现，都为我们所铭记。

　　《我和我的祖国》从个人出发，以小见大，聚焦在每个中国人身上，真实体现个人与祖国一刻也不能分割。当年为祖国建设而奋斗的每个人，以自我的梦想牵连着中国的梦想，走向繁盛的中华。华罗庚放弃美国的优渥待遇，写下了"锦城虽乐，不如回故乡；梁园虽好，非久留之地"。钱学森没有屈服于美国的威逼利诱，一心只愿回到祖国，他说："我是一个中国人，我可以放弃这里的一切，但不能放弃祖国。"

　　从前总是歌颂过去的"丰功伟绩"，最近几年又总是聚焦当下的"繁花似锦"。我们年轻人应当不懈奋斗，带着赤子的骄傲，做努力奔跑的追梦人，与祖国携手迈进时代新征程。七十载风雨同舟，七十载辉煌成就，一起歌唱祖国，祝福亲爱的祖国繁荣昌盛。

（指导教师：朱俊杰）

发己之微光，承中国之梦

——观《我和我的祖国》有感

嵊州市三界中学　李嘉妍

　　百年前的中国饱经风霜，百年后的中国精神昂扬。中国从被侵略、压迫到民族独立，从站起来到富起来再到强起来，这一路上的成就都是由一代又一代的人们艰苦奋斗出来的。

　　电影《我和我的祖国》讲述了七个不同年代的故事，讲述了不同年代的人与国家之间密不可分的故事，讲述了中国人民的奋斗，从站起来、富起来到强起来的伟大故事。中国的伟大建设在于人民，中国梦是在人民的不懈奋斗中筑成的。

　　历经磨难，建设中国梦。在建设中国梦的道路上，从来没有容易一词：是在开国大典前夜还在研究旗杆装置的林治远；是为研究原子弹生病住院，隐姓埋名不与爱人相见的高远……他们在一次次的磨难中探索中国梦，用自己那微弱的光芒，筑起伟大的中国梦。他们是中国梦最老一辈的建设者，他们为中国梦的建设献身，为中国的未来奋斗努力。

自强不息，发展中国梦。在中国人民的不断努力下，中国梦正在不断发展。20世纪80年代，中国女排首获世界大赛三连冠。1997年，为顺利推进香港回归，安文彬与英国首席代表就回归时间反复谈判，为的是将之前失去的时间夺回来。香港的回归为中国的统一增添了重要的一笔。2008年8月8日，北京奥运会开幕式正式举行，中国的国际地位进一步提升。此届奥运会向世界展示了不一样的中国。从女排夺冠，到逐渐实现统一大业，再到奥运会举行，一个个伟绩都是人民不断努力的结果，他们用自己的努力推动着中国梦的不断发展。

勇担责任，发扬中国梦。这一代的中国人，肩负着不一样的责任与担当。电影中，两名藏族青年扛着座椅，护送宇航员。他们扛的不仅是宇航员，也是新一代的责任与担当。电影中为庆祝祖国抗战胜利七十周年阅兵式的歼击机飞行员吕潇然，英姿飒爽地飞越天安门。他们肩上扛着的是民族责任、国家的责任和整个社会的责任。他们用自己微弱的光芒，将中国梦发扬光大。

每一代人都有每一代人的中国梦，而每一代都会向这个中国梦靠近直至实现。作为新时代青年，我们生在红旗下，长在春风里，应为我们这一代的中国梦不断努力奋斗。回望过去，我们历经艰辛；展望未来，我们充满希望。如今轻舟已过万重山，而未来还会出现许多大山，所以我们应该和先辈一样越过重重大山，为建设新时代社会主义国家增添青春动力。

（指导教师：王诚）

薪火相传，让真理光芒照亮前行之路

——观《我和我的父辈》有感

文成县南田中学　郑雅文

"下次你路过，人间已无我。但我的国家，依然是五岳向上，一切江河依然是滚滚向东，民族的意志永远向前，向着热腾腾的太阳，跟你一样。"——余光中

——题记

一世纪风雨兼程，九万里风鹏正举。中国这一路走来，诸多坎坷，诸多磨难。面对如今这九万里的风鹏正举、风华正茂，我们应该以怎样的心情去缅怀英烈、展望未来？电影《我和我的父辈》中，由四位主人公以家国时代为背景，穿越四个平行时空，演绎了一群有血有肉、平凡而又伟大的父辈英雄奋斗的经历，回溯来时路，展望未来途。

英雄乘风，致敬承风

在抗日战争年代，他们保护家园，舍小家为大家。这是一段冀中骑兵团的传奇故事，主人公是团长父亲与战士儿子乘风。他们一路躲避敌军追击，带领全村的老弱妇女前行。团长父亲一边抱着儿童，一边感慨："你爹我对得住天下人，我对不起你娘啊。"父亲在伏击敌军时，还不忘摘给儿子敷伤口用的草药。他虽在外人看来是严厉的、不顾私情的，但是又用无声的父爱来爱护儿子。万分紧急之下，在敌军将要"剿灭"他们时，他用急切的声音吼道："打信号弹！打信号弹！打信号弹！打！"一枚信号弹射上天空，在暗黑色的夜空中闪烁着。权衡利弊，他别无选择！他这是将儿子和战友们的位置暴露给敌人，来换取一村弱小的生机。儿子被"围剿"牺牲，回来的只有一匹热血的宝马。他默不作声，只是摸一把马身上的血液，然后独自钻进稻草中，万分悲痛！大乘风的牺牲，小乘风的新生。薪火相传，父辈乘风，后辈承风！崇尚英雄才会产生英雄，争做英雄才能英雄辈出！

父辈之诗，铸航天梦

在建设时期，他们勇于奉献，甘做无声基石。故事发生在一片荒凉的土地之上，主人公是一个小男孩，他因为与人发生口角而打架，被母亲训斥。父亲把他拉到角落，扫帚把一遍又一遍大声地打在父亲的腿上，儿子配合地挤出几滴泪来，母亲识破了父子俩的小把戏但没有说破。这是暖心的一幕！儿子一直追问父亲职业，父亲说："我是个诗人，我的工作就是每天在天上写诗。"后来父亲在实验中牺牲，暴雨下儿子一直质问母亲父亲的去向。原来这已经是他第二个牺牲的亲人了。他们都为了航天事业牺牲，为祖国留下自己宝贵的经验。母亲隐忍悲痛继续工作，在紧张的时间里一次又一次为事业而奉献。最后女儿成长为航天员，继续筑梦前行。影片沉缓、苦涩而浪漫，而那一首写给孩子们的诗，更是写出了那一代航天科研人员的责任和牺牲精神，道尽了他们于国、于家的大爱！"燃料是点燃自己，照亮别人的东西；火箭是为了梦想，抛弃自己的东西；生命是用来燃烧的东西；死亡是验证生命的东西；宇宙是让死亡渺小的东西；渺小的尘埃，是宇宙的开始；平凡的渺小，是伟大的开始；而你，我的孩子，是让平凡的我们，想创造新世界的开始。"科技是国家强盛之基，创新是民族进步之魂！

春江水暖，鸭先知

在改革开放时代，他们敢为人先，大胆创新。你知道中国的第一部广告是怎样拍成的吗？一位父亲，他既能自己动手改装沙发又能修改水管，还畅想黄浦江上一定会有大桥等那个时代的人们不敢设想的东西，被称为"鸭先知"。为了将滞销的货物"参桂养荣酒"卖出去，他刚听到广告能推销商品、电视台的领导们有意推广，就孤注一掷，将仅有的钱拿出来拍广告，最后成功拍出了全中国的第一条广告，使滞销产品热卖！这无疑是一场孤注一掷的赌博，他刚刚打听到广告这东西，就大胆地预知未来，于是成功！他总将这句话挂在嘴边："我们要做，就是要做第一只敢于下水的鸭子！"他为了目标锲而不舍，拼尽全力，又有极其长远的目光，于是才有更多更多的父辈们站出来，创造如今的经济辉煌！

与少年行，澎湃向上

在科技时代，他们无畏失败，踏浪前行。"实现梦想要经历很多次失败，怎么才失败一次就放弃梦想了呢？"这是一位父亲对沮丧的儿子所说的话。然而，这位父亲是一个来自2050年的机器人。小主人公对人工智能非常感兴趣，但是他的父亲在一次科学实验中牺牲。有一天，他意外遇见了来自2050年的机器人邢一浩，机器人的种种功能满足了小主人公对科技的一切想象。这位机器人在短暂的几天时间里带小主人公体验了先进的科技与浓浓的父爱。它诠释了父亲陪伴是一件重要的事，也激发了观众们对科学与人工智能的浓厚兴趣。少年强则国强！我们也应该有一颗锲而不舍、努力奋斗的决心，去铸就未来的科技盛世！少年踏浪前行，向梦想进发。

树高千尺有根，水流万里有源。我们如今的安康生活，正是这一代又一代的父辈用生命年华去铸就的，他们平凡而又伟大，"做隐姓埋名人，干惊天动地事"。我们应该怀揣着致敬的心情去缅怀英烈，承接父辈薪火。一代人有一代人的长征，一代人有一代人的担当。让我们这代人扛起从父辈手中承接过的责任，去书写我们这一代人的华章！不负父辈所望！

（指导教师：潘雄荣）

青春美梦
就美在有梦相随

黄文彬 著

武汉出版社

（鄂）新登字 08 号

图书在版编目（ＣＩＰ）数据

青春美就美在有梦相随 / 黄文彬著 .—武汉 : 武汉出版社 , 2019.1

　　ISBN 978-7-5582-2723-3

　　Ⅰ . ①青… Ⅱ . ①黄… Ⅲ . ①散文集－中国－当代
Ⅳ . ① I267

中国版本图书馆 CIP 数据核字 (2019) 第 023480 号

著　　者：黄文彬
责任编辑：徐建文
编　　辑：杜 哲 黄 娜 刘 娜 晏 子
策　　划：银川当代文学艺术中心图书编著中心
　　　　　（http://www.csw66.com）
出　　版：武汉出版社
社　　址：武汉市江岸区兴业路 136 号　　邮　编：430014
电　　话：（027）85606403　85600625
http://www.whcbs.com E-mail：wuhanpress@126.com
印　　刷：宁夏润丰源印业有限公司
经　　销：新华书店
开　　本：880mm×1230mm　1/32
印　　张：4　　字　数：80 千字
版　　次：2019 年 2 月第 1 版　2019 年 2 月第 1 次印刷
定　　价：22.00 元